江苏高校优势学科建设工程资助项目(PAPD)

亚丝媒体
越界与展演的空间

subculture

陈霖 等著

苏州大学出版社
Soochow University Press

图书在版编目(CIP)数据

粉丝媒体:越界与展演的空间 / 陈霖等著. —苏州:苏州大学出版社,2021.6
(新媒介与青年亚文化 / 马中红主编. 第二辑)
"十三五"国家重点图书出版规划项目　国家出版基金项目
ISBN 978-7-5672-3455-0

Ⅰ.①粉… Ⅱ.①陈… Ⅲ.①传播媒介－研究 Ⅳ.①G206.2

中国版本图书馆 CIP 数据核字(2020)第 263623 号

粉丝媒体 越界与展演的空间

著　　者	陈　霖　等
责任编辑	欧阳雪芹　顾　清
装帧设计	吴　钰
出版发行	苏州大学出版社
地　　址	苏州市十梓街 1 号
邮　　编	215006
电　　话	0512-67481020
网　　址	http://www.sudapress.com
邮　　箱	sdcbs@suda.edu.cn
印　　刷	苏州市越洋印刷有限公司
开　　本	700 mm×1 000 mm　1/16　印张 15.75　字数 191 千
版　　次	2021 年 6 月第 1 版 2021 年 6 月第 1 次印刷
书　　号	ISBN 978-7-5672-3455-0
定　　价	55.00 元

版权所有　侵权必究

总 序[①]

  青年亚文化作为一种普遍而又独特的文化现象，是人类社会文化结构中必然的、不可或缺的组成部分。相对于主流文化，青年一代的文化以其青春性、多变性和挑战性的特性有别于位居社会主体地位的成人文化；而相对于基本认同主流价值的青年文化，青年亚文化则具有非主流、边缘性的"亚"文化或"次"文化特征。事实上，青年亚文化是一种世界性的青春文化现象。就其实质而言，它所反映的是成人世界与青春世界、父辈一代与子辈一代之间那种永恒的矛盾和张力关系。在不同的时空语境下，这对关系往往以不同的方式表现出来，譬如反抗、冲突、偏离、协商、另类等，但是，它所呈现的那种青春期的迷惘、矛盾、寻觅、冲动及身份认同的困扰始终是青年亚文化的历史宿命，无论社会的意识形态如何统一和强大，这类青年亚文化或多或少总会以某些方式表现出来。

  在中国现代文化史上，诸如五四运动、一二·九运动以及后来一些特殊时期的青年学生运动，都在一定程度上和从某个侧面显现了那个时代的青年亚文化征候。但就整体而言，一直到 20 世纪 80 年代之前，现代中国的青年文化更多的还是以认同和追随主流文化、成人文化的方式出现，那种典型的具有世

---

① 本序言大体保留了本人主编的"新媒介与青年亚文化"（第一辑）原序的内容，第五、六部分为新增内容。

界普遍性的青年亚文化现象并不突出。但是，伴随着改革开放和中国与世界文化的接轨，在短短 40 多年的时间里，中国青年亚文化发生了巨大变化，时至今日，已经成了当代中国青年文化和社会整体文化的重要组成部分。

如果说，20 世纪 80 年代初的青年亚文化从备受压制到浮出地表，在传统的媒介语境中以各种个性化的另类形象出现和发展，并得到社会的理解和宽容，主要是得益于经济体制转轨和思想解放运动的话，那么，进入 21 世纪的今天，青年亚文化的发展在很大程度上有赖于以互联网为标志的信息技术革命，则是突飞猛进的媒介技术对青年日常生活的渗透和全球化的必然结果。如今，20 世纪 80 年代形成的第一波青年亚文化族群／类型已成为追忆中的昔日辉煌，而新媒介支持下的今日青年亚文化才刚刚拉开序幕。令人震撼的是，新媒介对当今青年亚文化的影响，无论是在力度上还是在广度上，都已远远超出了媒介技术的层面，进而关涉到当代中国青年亚文化特质的变异及其走向，故而特别引人瞩目。

一

从文化赖以生存的媒介和技术环境方面看，当下以互联网为核心的新媒介对社会文化生态的全方位渗透，开始明显地推动今日中国的整体文化向开放、民主和多元的方向转变，同时整体文化的存在形态也在向"数字化生存"方向转向。新媒介不仅为传统文化类型的转型提供了广阔的空间，而且催生了一系列新的文化类型，其中青年亚文化是最为突出的景观。当各种各样的"客"，例如博客、播客、闪客、换客等轮番上场，当各种"社区""论坛"喧闹于网上，当 IM（即时通信工具）、SNS（社交网络服务）、微博备受青睐，当网上购物成为风潮，当"搜索""自拍""黑客"等所有这些网络技术和文化实践成为青年亚文化习以为常的社会参与及其表达方式时,青年群体正在演绎和展示着的,是一个完全不同于以往的"虚拟现实"。可以这么说,网络媒介为中国当代各种青年亚文化的外来接受、本土生成与发展和迅速传播提供了前所未有的开放式、无边界、多媒介的物理空间和相对平等、开放的精神空间。如今,新媒介已经成为中国青年亚文化生长的肥沃良田和迅猛扩张的异度空间,成为新型青年亚文化传播的利器和青年一代寻找同道、建构文化族群和部落的文化场域。

网络媒介的全面覆盖、低廉成本及使用便捷,使中国大量青年群体的日常行为和生活方式与网络媒介牢固地绑定在一起。网络成了他们的"良师益友"和"亲密伙伴",有的甚至发展到须臾不能离开。一项由美国互联网公司 IAC(Inter Active Corp)和智威汤逊(J. Walter Thompson)广告公司合作,用双语进行的调查研究发现,与美国青年相比较,中国青年更依赖数字技术,有 80% 的中国青年认为数字化是自己生活的必要组成部分,其中 42% 的人觉得自己"上网成瘾",而美国青年中持这两种想法的分别占 68% 和 18%。与此同时,该调查还发现,网络在中国青年人的社会生活和情感世界中扮演着极为重要的角色:77% 的受访者说,他们通过网络交友;54% 的人表示他们曾经通过网络即时信息进行约会;63% 的人认为,两个人即使永不见面,也可能在网络上建立起真实的关系,而在美国青年中,相信这一点的只占 21%。这一新的媒介语境及生存方式,的确为社会转型时代的中国青年亚文化创建和发展出了一个全新的生存空间和表现舞台。中国青年亚文化在经历了"文革"时期的"地下活动"和改革开放之初的"地表活动"之后,终于被媒介技术的推手带入了"无限活动"的新阶段。当下,青年亚文化作为被互联网率先激活的文化类型,已借助新媒介全方位启动了自身的文化建设,并且成为文化与技术深度联姻的实验产品。

而从青年亚文化自身的交流系统来看,一方面,新媒介正在历史性地改写着青年亚文化与主流文化之间的关系;另一方面,新媒介为青年亚文化构成要素的技术重组和创建催生了新型的表达方式。

以伯明翰学派为代表的传统青年亚文化理论基本上是先验地预设了青年亚文化对主流文化的抵抗性和依存性。譬如,科恩对伦敦东区工人阶级子弟的研究揭示,青年亚文化对工人阶级母体文化表现出表面的拒绝或反抗,却又有内在的依存和继承。威利斯对嬉皮士青年亚文化的研究表明,青年亚文化与中产阶级文化之间始终存在一种"结构性对立关系"。克拉克依据对特迪文化的深入研究也发现,"亚文化作为一种非官方的文化形式,拼贴所产生的亚文化风格的意义就必然处于和统治阶级意识形态相对立的地位"。诸如此类的"抵抗"观和"依存"观诞生于前互联网时代,研究的是现实世界中的青年亚文化实践活动,而以此观点来观照和解读新媒介时代的青年亚文化,难免捉襟见肘,力不从心。新媒介时代的青年亚文化,往往更长于表征似乎完全属于自我化或虚拟化的感性世界,而不是公然地"抵抗"现实间存在的文化形态,更不愿意与父辈或权威文化发生正面的"冲突";它们不仅抹去了横亘在主流和非主流之间的森严界限,隔断了主体与现实之间的人文关注,有时候还经常颠倒真实与虚拟的逻辑关系,将真实虚拟化,虚拟真实化。

我们必须意识到的是,出生并成长于网络时代的青少年群体,天生就与网络、手机等新媒介结缘。他们通过新媒介接受的信息远远多于传统主流渠道,比如大众传播媒介、学校教育、父辈传承等。传统主流渠道对他们精神成长的影响或许将日趋式微。与此同时，他们通过琳琅满目的新技术和新媒介产品，如 iPad、智能手机、微博、社交网络、视频分享站点、在线游戏等，畅通地传递着自己创造的文化，在信息传播、交友、玩耍和自我表达的世界中追求自治与认同。于是，青年亚文化的实践活动最终成为一种自我宣泄、自我表现、自我满足的技术方式和文化意义。网络媒介的开放性、无中心性消解了现实世界中权威、主流、父辈等对青年加以掌控的可能性，或者说，网络媒介为青年亚文化的生成、发展提供了最为自由、宽松的逃避主流文化"压抑"的庇护所。

在青年亚文化构成要素的技术重组和创建方面，网络媒介以"数据""图像""多媒介视频"的技术特质为基础，创建了一个互动、复制、仿真和拟像的世界，一个全然不同于以往的世界。正如鲍德里亚所言称的那样，在模型、符码、符号建构的类像世界里，模型和真实之间的差别被销蚀，形象与真实之间的界限被内爆，人们从前对真实的那种体验及真实的基础也一起宣告消失。新媒介的技术特征正在将众多非自然的、非真实的事项、文化和意义成分引入赛博空间，并且运用超文本或者超媒介的技术，为青年亚文化与外部现实世界的断裂创造出了一种"自然"的表现空间，遮蔽了人与现实真实关系的呈现，促成了青年亚文化表达方式的图像化转型。如此，即使在中国这样一个传统文化与现代、后现代多元文化并存的国度里，人与其所创造出来的各种社会文化意蕴之间，也同样不再是传统媒介时代那种明晰的主客关联关系，或文化符号与现实世界的直接对应关系了，而是更多地通过图像符号的表征系统去消解原有的话语体系，用多媒介符号去解构既存的文化类型和文化理念。

在这种社会和技术语境条件下，中国当代青年亚文化便以空前活跃的姿态走上了网络空间的前台，而使传统意义上的青年亚文化类型迅速移位至后台,蜕变成了所谓前新媒介时代的过气文化遗存。如果说,新媒介、新技术果真如麦克卢汉所说的那样"构成了社会机体的集体大手术",那么毫无疑问,青年群体是这种大手术的率先操刀者。他们张开双臂,热情扑向新媒介,并借助新媒介、新技术来创造出属于自身的新的文化样式。青年亚文化在以互联网为基础的新媒介的激发下,正在如火如荼地燃烧。

二

以互联网为主体的新媒介对青年亚文化发展的影响比此前几乎所有的媒介都要广泛、深刻和迅捷得多——这不仅影响青年亚文化的多样性和传播方式,也影响它所提供的亚文化文本的存在形式和功能模式,还有亚文化生存、生长的整个生态环境和文化语境,从而促成了青年亚文化的盛行。

首先,借助网络媒介的快速成长和迅捷普及,青年亚文化已经从相对封闭的"小众团体"走向开放的"普泛化"的整体青年社会。以计算机网络为代表的数字媒介,从开发之初就预设了兼容和平权的机制。技术的"傻瓜化"强化了"网络世界人人平等"的可操控性,而友好的计算机界面和人性化的网络空间模糊了现实社会中身份、性别、收入、学历等等所带来的多重差异,最大限度地吸纳了青少年群体的加入,激发了社会不同阶层青年群体参与文化创造的热情,从而让亚文化从传统的另类、小团体模式中突围,成为青年群体共同参与、共同分享的文化。与此同时,网络、手机等新媒介的普及及信息资费的低廉化趋势,冲破了青少年使用新媒介的经济壁垒,更提供了亚文化生产、传播和共享的"普泛化"和"即时性"的媒介工具。

这里所谓由"小众"走向"普泛",其实质就是使青年亚文化的话语权回归青年本体,尤其是将青年的媒介话语权交还给青年。长期以来,青年是被基于成人价值观和世界观建构的成人文化话语强行描述的,而不是由青年自己的语言来编码的。比如,芝加哥学派对城市底层青年亚文化的研究,伯明翰学派聚焦的工人阶级青年亚文化,以及中国20世纪80年代以来的摇滚和地下纪录片的研究等,这些青年亚文化的研究,尽管也突出了青少年边缘化的问题,但由于研究者基本上是来自中产阶级的成人学者,因此,他们难免将青少年群体传奇化,并且忽略那些真正意义上的"普通孩子",从而使青年亚文化生产和传播被不同程度地圈定在某个阶层或者某个文化小圈子之内。同时,由这些成人学者的话语出发,青年亚文化往往被贴上类似这样的流行标签:主流派、非主流派、危险人物,等等。然而,网络技术传播重构的新公共空间能够向几乎所有的青年群体,甚至向游离于亚文化圈子之外的青年人群开启,从而确立了青年亚文化的普泛化存在和传播。可以说,网络媒介青年亚文化的普泛化趋势是青年亚文化的一大进步,也是青年群体文化创造力的一次解放。这种由青年群体广泛参与的青年亚文化的意义还在于,削弱了传统媒介镜像下和主流意识形态话语中关于青年亚文化的"道德恐慌"评价和"妖魔化"的叙述,也溢出了基于意识形态对抗和阶级斗争理论而对青年亚文化的界说和肯定,它在更大的程度上是通过新媒介技术而自我界定、自我指涉,并直接呈现,从而具有更多属于青年亚文化主体的言说权利。而这一事实当然也"逼迫"着青年亚文化主体言说之外的亚文化理论的调适和修正。

其次,青年群体通过谙熟地使用新的媒介技术为自身赢得了更为广阔和自由的"书写"空间。比如,网络媒介所特有的虚拟性和匿名性,就为青年亚文化提供了表达的自由通路,而自由表达始终是青年亚文化得以生产和传播的基本前提,它可以使青年据此克服青春期的怯弱、羞涩、拘谨和不成熟忧虑,不忌惮成人家长般的管制,充分自由地表达自我。毫无疑问,是新媒介为青年亚文化插上了自由表达的翅膀。

再次,青年亚文化通过新媒介技术的多媒介、多兼容、多互动的诸种特性,突破了传统亚文化风格的表达惯例,获得了更自如的、多样化的表达方式,从而形成了独特的青年亚文化风格。在新媒介中,那些新的技术呈现和表达方式,比如,媒介由语言文字符号、声音符号和影像符号向综合的数字符号转变,使文化的表达突破了对单一媒介的依赖,实现了青年亚文化表征符号的"脱胎换骨"。传统意义上亚文化的"符号",主要体现在出奇的衣着方式、独特的言行风格、小众的音乐类型等方面。如赫伯迪格笔下的朋克族,"额上的卷发和皮夹克、小羊皮软底男鞋和尖头皮鞋、橡胶底帆布鞋和帕卡雨衣、摩登族的平头和光头仔的步伐、紧身瘦腿和色彩鲜艳的袜子、紧身短夹克和笨重的街斗钉靴,这乱糟糟的一切物体能够既'各就各位',又显得'不合时宜',这多亏有了惊世骇俗的黏合剂——安全别针与塑料衣,既令人畏惧又让人着迷的缚皮带与绳索"。而当下的青年亚文化群体压根并不希冀借助这些出格的外在"行头"来表达亚文化的"风格"和意义,他们更青睐于使用网络媒介所带来的新技术手段和技术装置去表情达意,将真实的主体形象以匿名的方式掩藏在赛博空间里。他们除了通过风格化的音乐表达自我外,更多的技术和手段随着网络媒介的发展被不断开发和利用,如 Flash 动画、在线游戏、动态相册、多媒介视频软件及 MSN 和 QQ 等在线聊天工具、Twitter 和微博、搜索技术等。掌握这些技术的青年不再拘泥于某一种表达方式,而是杂糅了文字、图像、影像、声音等多媒介手段,轻松自如地参与到亚文化的生产和传播中。

最后，与上一点密切相关的是，青年亚文化的文化类型也迅疾由单一走向多元，致使基于网络新媒介技术的青年亚文化类型层出不穷，此起彼伏。当下，网络媒介上盛行的自拍文化、恶搞文化、迷文化、搜索文化、黑客文化、御宅族文化、游戏文化、同人女文化、Cosplay 文化等，无不寄生于网络，活跃于网络。而掌握了新媒介技术的一代青年人甚至以网络技术为"武器"，在自我与成人世界之间筑起一道自我保护的"高墙"。这种通过技术壁垒逃避和主动隔绝主流意识形态及成人世界的文化影响，在虚拟"高墙"之内演绎别样人生的青年文化态势，只有在网络技术时代才得以成为现实。

另外，新媒介的发展也促成了青年亚文化传播方式的根本改变。其中最突出的，是由单向传播转换成多向交互式传播，由滞后性传播转换成即时性传播。除此之外，青年亚文化实践活动和文本内容的便捷上传、下载和在线生成，传播者和受众角色的合成及互为转换，虚拟空间与现实社会的互动聚合，均从物质、时间、空间、技术等多方面突破了原有的社会和技术性藩篱，在青年亚文化中间几乎实现了无障碍传播。

三

毫无疑问，上述新媒介语境下形成的青年亚文化的存在和传播方式，已经赋予青年亚文化崭新的文化实践意义。其中，最典型的莫过于青年亚文化"抵抗"精神的弱化乃至失落，以及亚文化自身多样化与娱乐化、全球化与消费主义的特质。这些导致青年亚文化步入极具后现代特征的"后亚文化"时代。

一如鲍德里亚、利奥塔、哈维等声称的那样，后现代文化的一个重要特征是资本在全球范围内更深层次上的渗透和均质化。这些过程同时也产生了更进一步的文化碎裂，时空经验的改变及经验、主体性和文化的新形式。换言之，网络媒介的无深度感、暂时性、分裂性和全球化特征，促使在其基础上生成和传播的青年亚文化不再可能抵抗任何单一的政治体系、主流阶级和成年文化，他们甚至不同程度地弱化了这一文化的某些"抵抗"的特质。因此，如果依然在反抗/抵抗的层面上去认识网络媒介下的青年亚文化，便显得方枘圆凿、扞格不通了，因为我们所处的世界早已发生"裂变"，二元对立和某一主流文化始终居高临下的观念也已被多元文化观念取代。

我们看到，新媒介语境中的青年亚文化特质，在传统的"阶级"和"年龄"之外，其可变因素也呈现出空前的多元性和复杂性，诸如身体、性别、种族、民族、时尚、图像等关键词，不断进入当代青年亚文化的内核和意义场域。也就是说，新媒介催生出的青年亚文化已经不再单单囿于某种风格鲜明而固化的文化类型，相反，许多特征明显不同的青年亚文化类型共时性地陆续呈现，甚至此起彼伏，随着时间的流逝，它们不断出现、繁盛，直到消失，周而复始，生生不息。青年人也不再仅仅将自己执着地归属于某一种亚文化类型，他们经常从一种亚文化类型转向另一种亚文化类型，或者同时属于几种亚文化类型，实际上建立起法国社会学家米歇尔·马菲索里所说的"新部落"，即社会群体之间的识别不再依赖阶层、性别和宗教等传统的结构因素，消费方式成为个人创造当代社交及小规模社会群体的新形式，"新部落没有我们熟悉的组织形式的硬性标准，它更多的是指一种气氛，一种意识状态，并且是通过促进外貌和'形式'的生活方式来完美呈现的"。这种新社交方式鼓励个人以不同的角色、性别、身份自由地参与多个流动的、临时的、分散的而非固定的部落，从而在部落之间动态地、灵活地定位自我。

事实上，不同阶层及不同教育、社会环境中的青年人总是分属于各种明显不同的群体,他们在观念、价值观和意识形态上都有着极大的差异性、多样性和异质性。恰如有着中国和加拿大双重血统的学者卢克指出的,在后现代时期成长的青年,"大约要经历 16 到 18 个不同的世界……这就像是在不同文本的海洋里航行一样。每一个文本都试图将你定位、出卖你、定义你"。这样的青年亚文化样本和青年亚文化族群,在网络媒介时代,不仅出现在传统的亚文化音乐生产中,也频繁出现在听觉和视觉技术中。所有这些媒介生产及其产品都渗透和塑造了青年亚文化的面貌,从而勾勒出万花筒般的青年亚文化面貌,正如默克罗比所评述的那样,"对表层的关注越来越彰显,意义被炫示为一种有意为之的表层现象"。

在这样的情境下,"抵抗"既模糊了着力的对象,也失去了明确的方向,娱乐的特性则得以放大。网络文学由"寓教于乐"转向"自娱娱人",网络视频聚焦重心由"艺术作品"转向"现场直录",网络语言由"精致合规"转向"生造逗乐",网络图像被技术率性"PS",甚至,传统、经典、权威、主流的话语、作品和表达都面临随时颠覆和解构的命运。一代青年对待权威的方式并不是公然地抵抗和反对,而是采用拼贴、戏仿、揶揄、反讽的手段尽情调侃和讥刺,同时获取自我愉悦和狂欢。恶搞亚文化是最典型的范例,而其他在新媒介平台上活跃的文化类型,也无不充满着这种自娱自乐和无厘头的色彩。尽管这种娱乐化的过程往往不可避免地指向空洞和无意义,但是,我们必须看到,其对所谓主流、经典、权威的解构,依然凸显出文化心理的意义向度,那就是释放激情、缓解焦虑、宣泄不满、寻找自我及个体和群体身份的认同。也因此,或可以说,新媒介语境下的亚文化在弱化了"抵抗"色彩和精神的同时,将"抵抗"的意义稀释于娱乐化的表达之中。

新媒介语境下的青年亚文化除了具有弱化"抵抗"、多元发展自身文化和偏重娱乐化的特质外，还显现出向全球化与消费主义妥协的趋向。贝斯利认为，处在晚期资本主义之后的后工业化社会中，有两大特征影响青年亚文化的生长和传播，"一是被跨国公司而不是被单一国家影响和主导的消费社会，另一个是被信息技术、媒介和服务行业而不是被旧制造业赋予特征的全球化社会"。众多跨国组织，包括微软、苹果、可口可乐、时代华纳等跨国企业，世界银行、联合国等国际政府组织及绿色和平等非政府组织（NGOs）都在带动全球化进程，使诸如全球市场、商品化、消费、互联网、国际时装等日渐互相关联，甚至可能转向全球通用。与此同时，多元文化之间的差别和冲突在全球化进程中非但没有被抹平，相反，其因为交流的便利而变得愈加突出。然而，十分悖谬的是，被企业控制的新媒介技术同时为弱势群体和个人提供了成本低廉、方便易得的传播场所，给了他们表达自己声音的极大机会。在网络新媒介世界中，谷歌、百度、MSN、QQ、Twitter、人人网、豆瓣、优酷等在全球资本、商业利益和中国经济市场化、开放化的驱动下，为持有一台电脑及上网设备或拥有一台联网手机的所有青少年人群提供了原创或传播自身文化信息的可能。同时，众多跨国企业还处心积虑地将青少年群体视为最完美的消费者，它们从市场缝隙、人口和心理特征、生活方式等全方位地对青少年加以细分，如叛逆者、"80后"、"90后"、网购族、冲浪迷、背包族等，并着眼于这些团体成员的多重文化身份、欲望需求及购买能力，有预谋地和积极地去培养他们特定的消费习惯和价值观念，从而建构起庞大的青少年消费市场。

今天的青少年更多是通过消费和市场层面而不是传统渠道，如家庭、组织、学校发现他们的身份和价值。其中，最典型的莫过于跨国公司在他们持续不断的广告运动中将消费身份和消费观念以各种炫目的手法植入青少年的认知和价值观中，从而消弭青年人在种族、阶级和性别上的区别，取而代之以时尚的风格、新的性别角色、新的认同、新的文化实践、新的家庭格局和新的社会团体等。事实上，今天的青年亚文化通过互联网络等新媒介的确能够更容易地了解外部文化，全球化的趋势也模糊了它们建立在不同国家、阶层、地域乃至性别基础上的青年亚文化特征。如果无视这一变化，我们将很难深入而准确地把握当今的青年亚文化本质。

三

新媒介技术促成的当代青年亚文化的盛行，意味着青年亚文化身份的"与时俱进"。但需要继续追问的是，新媒介语境中的青年亚文化能否真正延伸成为与主流文化交相辉映、互生互长的文化类型？新的青年亚文化能否为全社会的文化整合、文化调节与文化优化提供良性因子，从而有助于社会在追求民主、和谐中健康前行？

在某种意义上，青年亚文化似乎总是作为社会主流文化外的一种不和谐音响而被世人感知，作为一种偏离常规的乱象而令世人侧目。新媒介语境下的青年亚文化也是如此，它每每引发社会的"道德恐慌"，它往往印证着"娱乐至死"的担忧，它总是以个人主义的张狂稀释着各种集体性的凝聚力，它还可能在疏离、越轨、颠覆的行为中，破坏规范，陷入意义的虚无……所有这些，昭示着文化的断裂、社会的失序，也呼唤着文化的调整。但是，如果仅仅将所有这些作为对青年亚文化的指控，那便忽略了一个富有积极意义的观察视角，即将青年亚文化置于文化整体构成及其变迁之中加以观察。

一个显而易见的媒介文化图景是，新媒介点对点传播、传受互动乃至传受合一的特性，都可能使同质青年亚文化的呈现强度加大、加密,又使不同类型青年亚文化之间的交流、相融、再生更加便利。如此,多样化的青年亚文化不但丰富了新媒介自身的信息内容,也促使传统媒介和主流文化无法忽视网络上众多的亚文化实践及其文化符号和文化意义。事实上,网络虚拟空间的青年亚文化实践活动正在成为传统媒介跟踪、聚焦、报道的重要内容。青年亚文化已经陆续登堂入室,进入主流媒介视野,引发主流媒介关注。仅以近两年为例,人肉搜索、网络雷词、山寨春晚、贾君鹏事件、犀利哥等亚文化事件,无不是经由传统媒介介入传播后成为整个社会的文化事件的。同时,这些亚文化事件得以传播,也拓宽了传统主流媒介的传播口径,从而拓展了主流文化关于民主和宽容的理念。

不仅如此,新媒介语境下的青年亚文化实践,可能激发对主流文化的重新审视,丰富其内蕴,甚至促成新的文化整合。年轻人出于对动漫、游戏等的痴迷,自制道具和服装,扮演自己喜爱的人物。这本是一种私下的个体的娱乐活动,随着国家产业结构的调整,文化创意产业被提上议事日程,Cosplay 也因此被整合进动漫产业链中,成为重要的内容之一。可以说,新媒介为青年亚文化新的生存方式提供了可能。它们既在网络世界兴盛并影响主流媒介、主流社会、主流人群乃至主流意识形态,同时,也在与主流媒介和主流文化的协调整合中进入主流,壮大自身。更进一步而言,这实际上涉及未来文化的可能性,即青年亚文化为文化的未来发展提供最初的动力、灵感和实验。现在我们可以说,PC 的使用绝对是一种主流的技术文化,但是,许多人恐怕忘了,这一计算机文化肇始于乔布斯等人当年充满理想色彩的黑客亚文化实践。

正是在这样的意义上,自 2005 年起,我们高度而密切地关注新媒介语境下产生的一系列青年亚文化现象,并在 2008 年国家社科基金立项的基础上,对此展开全方位的理论和文化实践类型研究。丛书第一辑所收录的"迷族""恶搞""黑客""御宅""拍客""网游"及"Cosplay"仅是青年亚文化中最为活跃、影响颇大的几种类型而已,不足以代表所有的青年亚文化,但借此研究我们希望唤起主流社会和大众媒介、传播和文化研究的学者乃至全社会的高度重视,希望大家能抱着平等而非俯视、理解而非误解、尊重而非排斥的态度,与青年成为朋友,真正洞察他们之后,再因势利导,而非先入为主,树敌在先。青年是未来,谁赢得青年,谁就赢得未来。与此同时,我们也渴望这些亚文化实践的主体人群能从我们的研究中有所得益,能透过好玩、消遣、娱乐的表象,认识到自身文化实践对于自我、群体以及社会的意义和影响,从而保持源源不断的创造性和先锋性,以青年群体特有的方式,积极构建与主流文化的沟通和对话,为我们这个时代的文化创造和转型提供更多元的文化资源,为开放的文化生态贡献力量。

五

以上序言内容写于 2011 年末"新媒介与青年亚文化"(第一辑)出版的前夕。这套丛书共有七种,包括陈一著《拍客:炫目与自恋》,顾亦周著《黑客:比特世界的幽灵》,鲍鲲著《网游:狂欢与蛊惑》,易前良、王凌菲合著《御宅:二次元世界的迷狂》,曾一果著《恶搞:反叛与颠覆》,陈霖著《迷族:被神召唤的尘粒》和马中红、邱天娇合著《COSPLAY:戏剧化的青春》。此次重新收入的原序言仅对少数词汇和语句做了修改,主要考虑到丛书之间的延续性,也试图为迅疾变化和发展的亚文化现象和研究留下早期的痕迹。

丛书第一辑出版后我们便有了做第二辑的想法。选题几经讨论,最终于当年十月确定聚焦当时那些引人瞩目的新媒介青年亚文化实践,包括 iphone "越狱"、粉丝媒体、微博狂欢、网络涂鸦、字幕组、星座热及耽美同人。第二辑的写作与出版过程出乎意料地缓慢,前后花了近十年。在媒介技术和新兴科技频繁迭代、各领域快速向前奔跑、社会群体身不由己内卷的全速发展时代,十年太久了!在这期间,作者身份大多有所变化,研究方向也有所调整,但因为这套丛书的缘故,我们再次回归初心,克服诸多困难,坚持完成了写作,这令人倍感欣慰!当然,十年间,我们所从事的新媒介与青年亚文化研究并未停止。我们陆续出版了《青年亚文化研究年度报告》(2012、2013、2014、2015)四卷、《无法忽视的另一种力量》、《网络那些词儿》、《新媒介·新青年·新文化——中国青少年网络流行文化现象研究》,撰写了《移动互联网时代的亚文化研究》(未出版)等学术论著,始终保持着对新媒介与青年亚文化的观察和研究。

十年来,青年亚文化非但完成了前文所述的小众文化普泛化、网络空间文化实践日常化、自我表达媒介化、文化类型多样化等重要转型,而且在新兴数字技术的支持下,迅速蜕变成多种多样的时尚和潮流文化,使得青年亚文化的属性发生了一系列重大变化。主要体现为:

其一,青年亚文化已经不再是扰乱社会秩序的"越轨文化",不再是向主导文化发起文化"仪式抵抗"的具有鲜明特色的边缘群体的文化,而是基于互联网社会化媒体"圈子"基础所形成的各种次级文化。青年亚文化与主导文化既相异又互动,两者融合共进,促进社会总体文化不断发展。首先,主导文化为青年亚文化提供了丰厚充沛的文化支撑。中华民族博大精深的传统文化、代表人类文明和新时代进步力量的先进文化、承载社会主义核心价值观的优秀文化等都是青年亚文化生成个性化风格源源不断的"文化资源池"。任何一种青年亚文化都依附于主导文化。耽美文化、涂鸦文化等从"文化资源池"中获取人设、场景、情节、语言和其他文化符号,再生成特定亚文化的风格。其次,主导文化与青年亚文化可以相互转换。曾经的青年亚文化可以成为主导文化,譬如字幕组从译介海外动漫、影视作品到译介网络公开课的华丽转身,成为知识分享的重要渠道;同理,过去的主导文化,或许也会成为今天的亚文化,比如作为国粹的京剧退隐至小众的票友文化。再次,青年亚文化具有先行先试的精神和积极探索的优势,能源源不断地给主导文化输送鲜活的文化符号和文化创新因子。这一过程,不仅能激活主导文化,使其更有活力,更深得人心,而且,青年亚文化符号融入主导文化之中,也导致一些亚文化慢慢主流化。

其二,青年亚文化实践的"新部落族群"特征愈发鲜明,字幕组、耽美圈、"越狱"者都不再单纯地仰仗地缘、职业、班级、阶层、性别等传统社会关系建构自己的社会交往,共同旨趣、相似消费、彼此共情成为个人创造当代社区及小规模社会群体的新形式。这种新社交方式鼓励人们以不同的角色、性别、身份自由地参与多个流动的、临时的、分散的而非固定的部落,从而在部落之间动态地、灵活地定位自我。随着亚文化实践准入门槛越来越低,参与亚文化实践的群体的身份也越来越多样化,小镇青年和乡村青年大量涌入,在新浪微博、短视频平台和二次元大本营B站都有着丰富多元、良莠不齐的内容分享和文化参与,从而促成亚文化规模上的去"亚"化,泛亚文化群体日渐壮大。

其三,青年亚文化持续不断地产出大量独特的文化符号,包括语言、图片、表情包、影像,也包括带有独特亚文化基因的"梗"。这些符号的所指与能指关系随着使用场景不同而流变,其文化表征和意义仅仅用单一概念,如"仪式抵抗""身份认同"等已无法深入阐释。丛书第二辑在青年亚文化娱乐化、混杂化、技术空间化等趋势及消费与创造等框架下对微博、星座、耽美、粉丝媒体、"越狱"、字幕组等网络亚文化展开分析,不仅关注语言文字、图像、视频所生产的各类文化符号所表征的风格和意义,同时也关注青年亚文化精神"抵抗"的弱化和"风格化"特征模糊之后的意义追问。微博空间中的喧哗、狂欢、批判、创意等文化实践,在获得情绪宣泄和自我愉悦的同时,也推动公共意见表达和文化创新。网络涂鸦的身体重塑、戏谑狂欢与话语游戏,既有微弱的抗争和表达,也凸显出娱乐化特性,将"抗争"的意义稀释于狂欢化的风格表达中。

其四,青年亚文化表现出更为明显的技术化和媒介化倾向。网络和数字技术是青年亚文化"圈地自萌"和形成新的交往模式的"基础设施",是青年亚文化生产、消费和传播的媒介平台,是青年亚文化表达、展演和创造的多媒体容器,也是青年亚文化多变风格和另类美学的技术底色。媒介技术则是青年亚文化于使用、消费和分享过程中形成自身价值和意义的途径、方式与空间,既拓展也限制了网络涂鸦的媒介空间和表达呈现,为粉丝媒体的不断创新提供了技术可能性,"越狱"更是以技术为核心建构起独特文化现象。数字技术的"傻瓜化"降低了进入亚文化的难度,使全民参与成为可能;数字技术又丰富了青年亚文化的表现形式,使其更吸引人。在新媒介技术的可供性开掘中,粉丝文化主体积极地建构新的亚文化媒介空间,参与文化生产和分享;网络弹幕技术改变了网民在线交互方式,更创造了一种共同在场的观影感受;AR技术、Vocaloid 系列语音合成程序等人工智能技术将进一步改变亚文化的生态系统。

其五,青年亚文化的"平台化生存"。早期亚文化群体一般通过个人网站、论坛和邮件讨论组展开交流。初步壮大后，开始转移到商业网站（特别是门户网站）免费提供的论坛空间中。此时的商业网站尚未意识到青年亚文化的经济价值。它们提供空间主要是为吸引人气和流量。当亚文化的产业价值开始凸显时，专属的商业化平台就开始涌现出来。这里既有起始于亚文化群体且依然带着浓重亚文化色彩的平台，如B站、豆瓣网等，也包括更多由互联网公司以培育、扶持、收购、兼并等方式建立的平台，如起点中文网、新浪、抖音等。迄今，有代表性的网络青年亚文化基本都栖居于头部互联网大平台中。"平台化生存"为亚文化群体带来充分的技术红利。个人网站时期服务器到期或黑客入侵、门户网站时期因甲方改版被迫迁居等问题现在基本不存在了。技术又为亚文化群体带来统一的平台文化身份建制，即在亚文化生产者们被以不同等级区别之后，他们的知名度、粉丝数量、签约出版机遇及经济待遇随之发生改变，使其更具有文化生产能力。有庞大用户积累的大数据通过数据汇聚、算法、推送使亚文化实践深陷平台商业资本的逻辑之中，最典型的莫过于今日新浪微博通过平台操控将偶像文化"饭圈化"。

其六，全球跨国资本的持续不断的介入，将时尚风格、新性别角色、新身份认同、新文化实践、新家庭格局、新社会团体等消费身份和消费观念植入人们的认知和价值观中。互联网头部公司积极征用亚文化符号，也反过来成为网络亚文化最强劲的催生者和形塑者，从而将亚文化特有的文化资本转化为日渐兴盛的互联网亚文化产业。青年亚文化不再是个体单纯休闲娱乐的方式，转而成为富有个性化的生活方式，甚至成为青年人的职业选择。青年亚文化从小群体独特的文化旨趣转变成影响社会的力量：字幕组的跨文化传播对消除文化偏见、增进多元文化主体的互信互利有着积极价值；耽美文化对克服传统性别不平等及对多元性别的包容和理解起到不可小觑的影响；网络占星成为一种"新俗信"，有助于青年群体反思和建构自我，彰显了一种生活方式。

互联网高速发展并迅速融入社会生活的方方面面，深刻改变了大众，尤其是青年的生存和生活方式。互联网作为开放的网络亚文化生产、传播、消费和再生产的平台，生产主体越来越多样、参差。青年亚文化面广量大、良莠不齐，呈现出载体不一、平台影响力大小不均、监管难易程度不同等面貌倾向。如此，导致青年亚文化在整体平稳发展时有"脱轨"现象出现，有些甚至成为引爆社会舆论的热点事件。正是这些"易爆品"加大了青年亚文化发展的不确定性和风险性，比如占星、涂鸦、微博等文化实践中的低俗化、恶搞化、色情化，"越狱"、字幕组、耽美同人创作等文化实践对版权和其他知识产权的漠视，以及亚文化的某些负面现象对未成年人的不良影响等等，影响了社会主流阶层和社会大众对亚文化的客观评价，甚至引发管理部门对青年亚文化的监管要求越来越高，也由此引发亚文化的抗争、冲突和规避。一方面，主导文化需要合理包容青年亚文化；另一方面，青年亚文化需要自我净化，力争与主导文化并行不悖、融合共进。

六

"新媒介与青年亚文化"（第一辑）在发起之初，得到先后就任苏州大学出版社、清华大学出版社总编辑的吴培华先生的高度重视。他参加了提纲讨论、书名斟酌、初稿审议的多次会议，为当时尚处于边缘状态的青年亚文化研究鼓而呼，并在丛书出版遇到各种不可预测的困难时，鼎力相助，方使丛书顺利面世。他的敏锐和果敢，令人敬佩！

丛书第一辑入选"十二五"国家重点图书出版规划、国家出版基金项目，也是国家社科基金项目"新媒介与青年亚文化研究"的阶段性成果。第一辑出版后，获得了读者好评，尤其是那些文化实践的"当事人"给予的评价尤为我们所珍惜。丛书还先后获得中华优秀出版物奖提名奖、中国大学出版社优秀图书奖（优秀学术著作）、"苏版好书"等荣誉，其中，《COSPLAY：戏剧化的青春》入选2013年《中华读书报》百佳好书，获江苏高校第九届哲学社会科学研究优秀成果奖（三等奖）。丛书第二辑同样也入选"十三五"国家重点图书出版规划，并获得国家出版基金资助，这充分说明青年亚文化之于当下社会总体文化的重要性和不可忽视性。

即将面世的第二辑包括陈霖等著《粉丝媒体：越界与展演的空间》，曾一果、颜欢合著《网络占星：时尚的巫术》，陈一、曹志伟合著《网络字幕组：公开的"偷渡"》，杜丹著《网络涂鸦：拼贴与戏谑之舞》，杜志红、史双绚合著《微博：喧哗与狂欢》，顾亦周、刘东帆合著《"越狱"：自由还是免费》及本人著《耽美：性别身份的魔方》，一共七种。第二辑的出版工作得到了苏州大学出版社原社长张建初先生和现任社长盛惠良先生、原总编沈海牧先生和现任总编陈兴昌先生的鼎力支持。感谢诸位的宽宏大量。李寿春女士是丛书的具体负责人。没有她的全力协助、不懈敦促和倾心付出，这套书很可能早就夭折了！感谢所有相关编辑和设计师成全此丛书。

自2013年起，本人在苏州大学传媒学院为新闻与传播学研究生开设"新媒介与青年亚文化"课程，每年选修学生可达三四十人。同人们在苏州大学新媒介与青年文化研究中心主办的"读书部落"中研读媒介与文化的经典学术著作，分享青年亚文化研究心得，这样的交流持续了十多年，极好地维系了我们之间的友情合作。苏州大学的青年学子积极参与读书活动、课题调研、资料收集和研究工作。与他们的交流和协作给予我们源源不断的新体验、新认知和新观点。感谢十年来选课和参与研究中心学术活动的所有师生。希望青年亚文化生生不息,我们的研究也可永续!

马中红

2021年夏于苏州独墅湖畔

目录

粉丝·亚文化·传播空间 /1
集聚与流动 /4
参与和分享 /10
区隔与融合 /15

疯狂粉丝的媒体镜像 /21
"极端粉丝"现象 /23
二元对立的再现模式 /26
"疾病"的隐喻 /30
结构性矛盾的遮蔽 /34

参与文化的场景构造 /39
另类媒体的色彩 /41
"我们的乐园" /47
变换的媒体空间边界 /54
媒介实践的矛盾和张力 /57

火影迷的忍者世界/65

可供性·存在感·专属空间/68

再构的火影世界/74

符号·象征·仪式/79

粉丝主体与新叙事/85

粉丝的文本生产力/87

制造"多声部"/101

另一种英雄叙事/112

粉丝叙事的现实语境/122

美剧迷与生活方式想象/133

美剧迷的跨文化接收/137

作为媒体的TBBT小组/140

交谈中的身份展演/153

接收话语与生活方式想象/163

"周边"的2.5次元文化/179

周边物件的符号化转换/185

想象idol：身体展演与话语实践/189

　　　　临时的交往共同体/193

"爱豆"的黏合力/199

　　　　吸引：身体、梦想与奇异之力/202

　　　　强化：投射与镜像的生成/207

　　　　媒介：连接的黏性/212

主要参考文献/218

后记/220

粉丝媒体的出现不仅改变了粉丝文化生产的形态和粉丝文化传播及其影响力的途径，而且改写了粉丝主体与偶像之间、粉丝文化与主文化之间、粉丝与传统媒体之间的关系。

粉丝·亚文化·传播空间

2017年10月8日,国庆节刚过,一条鹿晗宣布与关晓彤的恋情的微博,瞬间引爆了微博服务器,同时也点爆了数万的舆论讨论。在许多路人纷纷表示祝福的时候,鹿晗的粉丝们却呈现出颇为极端的情绪:自残倾向、自杀传言、黑料不断以及脱粉回踩等,以致有人用"鹿饭帝国的大震荡"来指称这一事件。我们应该很清楚,这个"帝国"是建立在互联网上的:贴吧、微博、微信朋友圈、QQ朋友圈……从微博鹿晗吧的早安打卡微博你便可以看到,每天至少有上万的鹿晗粉丝们,在贴吧签到,在寻艺网签到,在百度搜索贡献浏览量,为所有提名鹿晗的榜单投票,在微博净化搜索词条、转赞评优质博文……这些看起来琐细无聊的任务,却关联着粉丝的文化实践。对待这样的文化实践,如果继续将粉丝视为特别的受众,似乎已经难以阐释其全部的传播学意义。在新的传播格局中,粉丝亚文化群体已经跨越"受众"的边界,而作为"用户"更为主动地深度介入基于互联网的广泛的传播活动之中,使粉丝亚文化实践在很大程度上首先被视为一种传播实践。

互联网不仅是借助电缆和数字化传递丰富的信息、进行实时的交互的空间,而且更是与人们的各种文化实践、身份表达和建构密切相关的空间;人们在寄寓于这一空间的同时也形塑着这一空间,建构起属于特定主体的空间。青年亚文化是青年群体基于共同兴趣和价值来表达自我、介入和影响社会的文化实践,它与社会主导文化之间既具有相异的、抵抗的、偏离的一面,又具有互动的、依赖的、融入的一面,并构成社会总体文化不可或缺的组成部分。青年亚文化群体是互联网上极为活跃的力量,其对网络及基于网络的新媒介的占有、运用和塑造,并不仅仅意味着获得传受信息的平台和渠道,而更是在此间展开文化传播实践。

正如詹姆斯·W. 凯瑞所指出的，传播是一种现实得以生产、维系、修正和转变的符号过程，① 人们参与某种和多种符号的处理与创作，以此来确立社会的关系和秩序，确认与其他人共享的观念和信念，如此"公众得以形成并能够产生意见的公共生活机制"②。这也就涉及传播与空间的关系，"人们在特定的空间（即具体的场所）下选择采用特定的传播行动，并影响空间的某些特性。而有媒介和信息技术参与的多变、流动和空间的缺乏确定性，既是主体实践的条件，亦是它的结果"③。由对传播和空间的如此理解出发，我们可以考察像粉丝亚文化这样的青年亚文化，其群体在新媒介中如何进行传播实践，由此而建构和拓展了怎样的新媒介空间，在这样的传播与空间的互动与互构中青年亚文化群体产生出怎样的文化特性。

集聚与流动

"物以类聚，人以群分"，在新媒介空间里，青年亚文化成员以相同的兴趣而聚集，形成典型的网络趣缘群体。所谓网络趣缘群体，是指一群对某一特定的人、事或者物有持续兴趣爱好的人，主要借由网络进行信息交流、情感分享和身份认同而构建的"趣缘"共同体。④ 网络上集群而居的青年亚文化群体都是以趣缘缔结，形成法国社会学家米歇尔·马菲索里所谓的"新部落"，它"没有我们熟悉的组织形式的硬性标准，它更多的是指一种气氛，一种意识状态，并且是通过促进外貌和'形

---

① 詹姆斯·W. 凯瑞. 作为文化的传播. 丁未，译. 北京：华夏出版社，2005：12.
② 詹姆斯·W. 凯瑞. 作为文化的传播. 丁未，译. 北京：华夏出版社，2005：59.
③ 潘忠党，於红梅. 阈限性与城市空间的潜能：一个重新想象传播的维度. 开放时代，2015（3）.
④ 罗自文. 网络趣缘群体的基本特征与传播模式研究. 新闻与传播研究，2013（4）.

式'的生活方式来完美呈现的"①。

"新部落"分散在网络世界的各处,亚文化青年可以自主地在豆瓣上创建小组,在QQ上创建组群,在百度上创建贴吧,在论坛上设立版块,建立各不相同的主题网站,在人人上建立主页,在微博上建立圈子,在微信上设定朋友圈和群聊组……而对"FTP""电驴""SLSK""网络硬盘""搜索引擎"等技术的运用,使他们能够方便地双向上传下载,对海量信息加以搜索和整理,并加以储存、传播、分享,并由此而呼朋引伴,结成同盟,分享信息,交流情感,建立社群。这样的集聚促进了青年亚文化成员的自我认同和群体认同,进一步强化他们在虚拟空间中的归属感,而相应地淡化了他们在现实世界中与家庭、学校、机构、公司、职业的联系,如此而构筑起的新媒介空间,被赋予阻抗现实压力、逃离各种约束、释放创造潜力的意义。"新部落"与传统的青年亚文化"帮派团伙"的集聚,有着明显的不同。首先,基于互联网的媒介特性使跨越地理边际、阶层区隔、民族差异的聚合成为可能。其次,网络空间的虚拟性和无限性,使过去亚文化族群的实地空间"占领"失去了根本的意义,青年亚文化更加倚重自身的趣味和行为来界定空间。再次,基于互联网的新媒介提供的是活动的平台,就大多数情形而言,它具有开放性并鼓励分享,因此,亚文化群体的文化实践更容易跃出特定的圈子,而产生链接效应,从而进一步拓宽文化实践的空间。

---

① Michel Maffesoli. The time of the tribes: the decline of Individualism. London Sage Publications Ltd, 1996: 98. 本书所引用英文文献皆为作者译,不再一一注明。

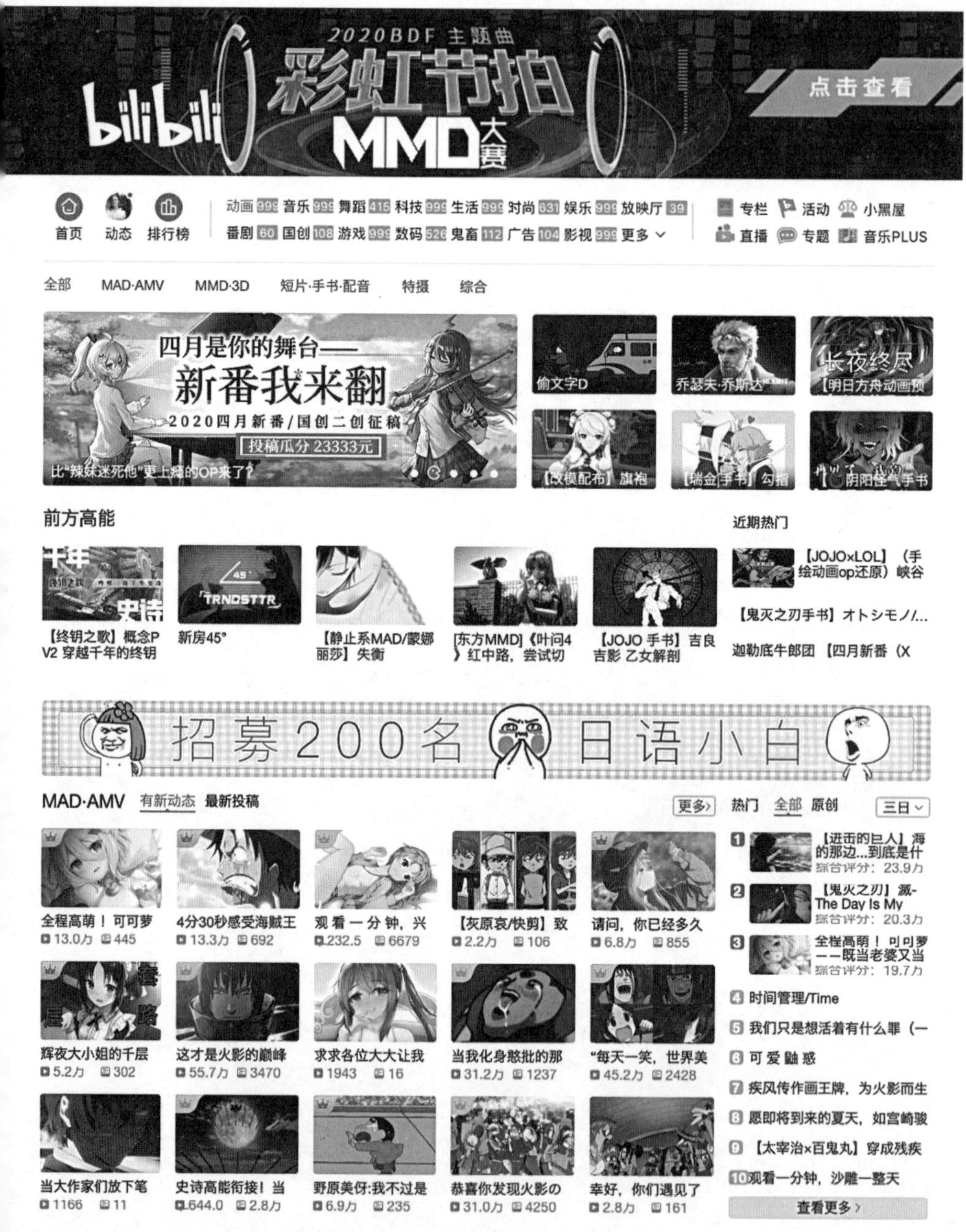

哔哩哔哩网站动画版块首页（截屏）

"新部落"也会形成权力运作的构架,即在内部自发地建立组织、协调活动、传递信息。这种权力通常以亚文化资本的拥有为依据来进行分配,进行相应的权限设定,游戏中的部落或派别的首领、贴吧吧主、QQ群主、豆瓣小组长等身份就意味着这样的权力。一般论坛中,每个ID都对应着"头衔、贡献度、发帖量、加入时间"等几项基本信息,当一个ID的贡献度、发帖量累计到一定数量后,级别会有所提升,所获权限也会有所扩大。每个级别对应相应的权限,如"乞丐级别"仅有访问论坛等少量权限,级别越高,在集群空间进入的区域越多,可以享受的资源也越多。尽管这里存在着权力制导下的文化实践,但在根本上,网络空间中的"新部落"不是以权力来维系和管理,而是以兴趣、机缘来汇聚,具有随机性和不稳定性。也因此,汇聚于此的个体与新部落的关系并非牢固不变,个体可以同时属于几个部落,可以以不同的角色、性别、身份自由地出没在不同部落中,他们在现实社会阶层中的固定位置无从确定也并不重要。

> 网络空间中的"新部落"不是以权力来维系和管理,而是以兴趣、机缘来汇聚。

更加重要的是,他们在所属部落中的定位往往呈现出流动性特征。像土豆网亚文化社区数量最多的"动漫部落",在113个主要的动漫小组中,几乎每一位小组成员以及小组创建人,都分别加入了一个以上的同类动漫部落。譬如,来自台湾的"炊子爱吃糖"不仅加入了32个动漫小组,还是"腐女世界""动漫共分享""动漫总动员"等21个亚文化小组的组长。这就表明亚文化实践的主体在不同时间获得不同身份,统一自我不再是中心。我们包含相互矛盾的身份认同,力量又指向四面八方,因此身份认同总是一个不断变动的过程。① 网络媒体

---

① 赵一凡,张中载,李德恩.西方文论关键词.北京:外语教学与研究出版社,2006:467.

的匿名性使个人可以自由地拥有多重身份，人们可以在网上加入虚拟的社群，"玩弄"各种不同的身份，甚至篡改自己的真实经历和性别，"自我"也就处于变化不定的状态之中，青年亚文化的空间也因此而具有流动不居的特性。一个人可以用一个账号在网上标识身份，但是"马甲"①的泛滥又否定了账号的可靠性；可以填写用户名和信息注册成会员，但无须登录的"观光"权限又使其身份无迹可寻。譬如，在土豆网上，每一位发布视频的播客都有一个属于自己的空间，从网页功能上，他可以设置包括个人简介、动态、参与小组、收藏视频、视频日志在内的一系列能代表其身份、状态的信息，并通过回复留言、小组邀请等方式与"关注者"联系。但事实上，很少有播客能做到这一点，其空间信息的多寡、互动交流的程度，完全取决于他的兴趣和习惯。保持真实身份的扑朔迷离，其实已是一种常态。播客"胥渡"就曾这样写道：我们不过是彼此的一场艳遇，何必将那些过往铭记于心。对网上的大部分亚文化成员来说，游走于各种部落，不只隶属于某一特定社区，而是参与多个社区，于是，他们的自我认同与他们活动其间的空间相互界定，并呈现出自由无羁、任意铭写的状态。

  这种流动性特征的出现，首先是因为新媒介在技术层面支持变动不居、自由无拘的行为选择。在新媒介的虚拟空间里，从一个点到另一个点的距离感取消了，时间感也随之趋于消失；超链接亦使任何存在都缺少时间和空间的确定性；可搜索性则使穿越空间和时间阻隔而抵达期望的目标变得极为容易。这就不仅为亚文化实践的多样化选择提供了极大的便利，而且也以其特性形成对多样化选择的诱导、呼唤，因为在空间进入

---

① 在同一论坛注册两个或两个以上的账号并同时使用时，常用的或知名度较高的那个账号一般称为主账号，其他账号称为马甲账号，简称"马甲"。

门槛降低、时间因素淡化的情况下，变化多端的文化实践实际上是在以密度取代空间的宽广与时间的长短。因此，新媒介空间里，亚文化事件的密集围观、迅速转发、花样翻新成为一种常态。

其次，正如列斐伏尔在《空间的生产》中指出的，"我们所面对的不是一个，而是许多社会空间……一种无限的多样性或不可胜数的社会空间"①，新媒介技术的使用或延展、或折射、或补充、或重构了真实社会空间，多样的空间并置、穿插、重叠在网络环境下成为直观的现实存在。青年亚文化实践也正是以其流动性强化了网络社会空间的多样化存在。在实际运营的层面上，新媒介努力营造差异化空间，以赢得竞争；社交媒体上各种应用的发明，正是这种竞争的产物。网络运营商和应用软件开发者为争夺使用者而充分采取分群化策略，针对特定的群体满足其特定的需要。这些当然不是专门为亚文化青年准备的，但是，像微博的圈子、微信的朋友圈、人人的个人主页、大型网络社区里的主题论坛、专门的网站等，都成为青年亚文化群体随机切换的场所，他们利用各种软件和网络符号编制自己的文本，运用技术支持的表达和互动方式，在不同的场所之间流转，从而定义了流动不居、面目各异的青年亚文化空间。

再次，新媒介空间中丰富芜杂、急速更新、海量弥散而又未被强制定义的各种文本，时时牵动着亚文化成员的视线，为亚文化成员展开自身的文化实践提供了充分的选择。"这种亚文化内部兴趣的急速转向，体现了亚文化群体认同的跳跃和善

---

① Henri Lefebvre. The production of space. Oxford: Blackwell Publishers Ltd, 1991:96.

变,他们的兴趣来得快,去得也快,选择也不需要有多固定。"① 原文本在亚文化实践中被随机地、即兴地解构,从而生产出别样的文本,按照米歇尔·德·塞托的说法是"在作者的空间引入了一个不同的世界,即读者的世界"②。需要指出的是,这种消费式的生产,也随时暴露着青年亚文化身份认同的短暂和浅层;在很大程度上,亚文化实践者的聚集容易被显而易见的潮流和热点所激发、鼓动和转移,虽然看上去保持了选择的自由和主动,显示出消解中心和权威的力量,但也使他们失去了坚定的立场,而显得漂浮不定和支离破碎。

参与和分享

青年亚文化群体在新媒介空间里的集聚和流动,在根本上与新的交往模式密切相关,这一新的交往模式的突出特点就在于它对参与和分享行为的引导与鼓励。Web2.0时代以来,Web2.0的"UGC模式",即用户生产内容,促进了青年亚文化的生产与表达,构成青年亚文化基本的存在方式,一系列基于网络或移动网络的交流平台和媒介技术,为青年亚文化群体的参与和分享提供了广阔的舞台。

首先,青年亚文化群体在新媒介情境下的参与行为,体现为积极利用网络技术的互动性,构建起属于自己的交往空间,在同好之间表达观点与看法,围绕某个技术或者某个主题展开讨论,围绕相同偶像进行闲聊……从而超越简单的信息寻求,形成特定的意义生产机制,维系亚文化群体的归属感。不管是

---

① 陈霖,魏玉皎.青年亚文化认同的漂移性//蒋原伦,张柠.媒介批评:第5辑.桂林:广西师范大学出版社,2013:6.
② 米歇尔·德·塞托.日常生活实践1:实践的艺术.方琳琳,黄春柳,译.南京:南京大学出版社,2009:42.

微博里的围观,还是人人上的发布;不管是在微信上交友,还是在Bilibili上发表即时显现的评论;不管是在论坛里跟帖,还是在网站辟出的新闻评论区"盖楼",青年亚文化的活动能够在所到之处烙上自身的印迹。即便是各种迷群在网上的"闲聊",也可以填补文本的裂隙,说明文本中省略或掩埋了的动机和结果,扩展解释的空间,"它再诠释,再表现,再创造。原初的文本是一种文化资源,从中可以生产出无数的新文本"①。

进一步看,青年亚文化群体在新媒介情境下的参与行为更集中地体现在文本的制作、改编、传播中,从被动的文本/产品的消费者变成了文本/产品的生产者。互联网时代到来之前,大众在信息传播过程中是被动的接受者,他们很难获得媒介传播的资源。媒介技术的进步改变了传播交流的方式,也改变了信息传播的模式。譬如手机、数码相机、DV等数码产品的普及,使得普通大众也有了参与摄影、摄像等信息制作和传播的机会,而博客、微博、微信,还有Flickr、Youtube、优酷、土豆等网站,都为普通人参与内容的生产提供了平台,从而产生了"人人都是导演""人人都是麦克风""人人都是记者"的现象。青年亚文化群体利用这些技术参与到各种活动之中,包括对公共事务的介入。

网络上各种亚文化族群以相应的文化实践体现的参与精神和参与力量,改变了传统的内容生产方式。新媒介技术为公众参与性实践提供了条件和相应的运作方式,维基百科的公共编写是其典型的代表,它采用"分布式协同"模式②构成,已经

---

① 约翰·费斯克.理解大众文化.王晓珏,宋伟杰,译.北京:中央编译出版社,2006:175.
② 克莱·舍基.未来是湿的.胡泳,沈满琳,译.北京:中国人民大学出版社,2009:70.

beebee 亚文化社区 App（截屏）

成为世界上被访问次数最多的网站之一。2000 年，美国电影《星球大战》的导演卢卡斯在他的 starwars.com 上专辟了粉丝页面，鼓励"粉飞客"往上放再创作的故事、音乐、图片；美剧《迷失》开放式创作的剧集就曾纳入了"粉飞客"的点子，在粉丝论坛里曾一度流传这个荒岛余生的故事纯粹是黄粱一梦，这一说法被编剧之一大卫·拉沃瑞看到，随后的剧集就出现了主角之一忽然惊醒，发现果然是个噩梦。① 青年亚文化的参与式实践，消弭了行业界限，颠覆了文化权威和精英模式。互联网上各种视频恶搞、暴走漫画、造字和表情、配音等活动，都将亚文化族群以自身的方式反映社会、颠覆主流、表达自我的价值取向弥散和渗透于网络空间。

与亚文化族群在新媒介文化实践中深度参与相伴随的是分

① 于萍. 从"粉丝"到"粉飞客". 北京：三联生活周刊，2006（24）.

享，分享成为青年亚文化族群建构和界定属于自己的文化空间的重要行为。2011年6月，人人网分享页面上一段有关日本动画片的视频，分析了许多日本动漫的片头曲中常见的剪辑技巧，比如空中飞舞的鸟、人物暴走、人物瞳孔特写、人物持续奔跑等，并将许多类似的画面剪辑在一起，让观看者一下子领悟动漫片头曲制作的技巧。这一视频被分享了超过95 000次。毫无疑问，分享的行为为媒介技术所激发，反过来，也激活了媒介技术的潜能。像Flickr作为分享的源头，它所做的仅是由用户给照片加上标注（或者标签）从而实现对照片的排序。当两个或更多用户采用了同一个标签，相关的照片就自动地关联了。这些用户也因此互相关联——共享的标签变成可能的踏脚石，把一个用户引向另一个用户，给照片观看的简单行为增加了一个社会维度。① 青年亚文化群体制作与传播的内容，其分享频率、次数，都刻印了不同的亚文化群体之间、亚文化与主导文化之间、亚文化与技术之间的密切互动。

在某种意义上，正是通过分享行为，特定的亚文化群体得以形成，并因此而培育了新媒介情境下的亚文化社区意识。譬如，前互联网时代那些小众的亚文化音乐，诸如摇滚、后摇滚独立乐（post-rock）、极端金属摇滚（extreme metal rock）、哥特暗潮乐（gothic dark wave）、雷鬼乐（reggae）、朋克乐（punk）等通过网络得到最大限度的、跨越时空的传播。亚文化音乐不再限于亲临现场或通过音乐制品分享，也不再限于通过电台、电视或私下黑胶碟的传播形式，新媒介以最迅捷、最广泛、最低成本的方式为亚文化音乐提供了分享、交流和传播的平台。共同的爱好让亚文化音乐迷们在这里分享他们喜欢的

> 正是通过分享行为，特定的亚文化群体得以形成，并因此而培育了新媒介情境下的亚文化社区意识。

---

① 克莱·舍基. 未来是湿的. 胡泳，沈满琳，译. 北京：中国人民大学出版社，2009：22-23.

音乐，形成像"私人音乐杂志"这样的以分享为主要活动的社区建制。

分享作为互联网上活跃的亚文化行为，其精神准则来自早期的黑客们确立的"一切免费"的原则和目标。这一目标无疑对现实社会的权威机构、版权规则、商业逻辑都构成了挑战。VERYCD 网站在自我介绍中就表明，其理想是"分享互联网"，通过开放的技术构建全球最庞大、最便捷、最人性化的资源分享网络。最能体现青年亚文化分享性特征的，当推活跃于互联网上的字幕组（Fansub Group），正如其英文字面意思所示，字幕组是由爱好者根据个人兴趣所组成的团队，成员们在不同的地方通过 QQ、MSN、微信等即时聊天工具和上传技术完成分享。对中国而言，字幕组直接催生了海外影视在青年群体中的流行，也使跨文化交流的通道更为丰富起来，培育了大批的"美剧迷""日剧迷""韩剧迷""动漫迷"等各种亚文化迷群。而像"快闪族"这一亚文化群体，甚至通过"分享—协作"模式勾连起线上线下的活动，发起一个个看似自发，实则高度一致的快闪活动。①

亚文化分享行为推动了虚拟世界里信息的流动，并因此而连接起飘浮在虚拟世界的孤岛，对青年亚文化而言，也因此扩展了亚文化的空间，体现了新媒介时代里"无组织的组织力量"。当然，我们也应充分注意到，青年亚文化的分享行为和分享精神，与知识产权保护之间存在冲突，这种冲突可能导致知识生产的失序和失范，从而削弱创新的动力，挫伤创新的精神，阻遏创新的行为。

---

① 克莱·舍基. 未来是湿的. 胡泳，沈满琳，译. 北京：中国人民大学出版社，2009：104-105.

区隔与融合

Web2.0时代的到来,大大加剧了新媒介传受的互动,正是在频繁的、密集的互动中,各种各样的群组得以形成,从而使亚文化族群获得认同感、归属感,也是在这样的文化实践中,青年亚文化构筑起区隔与融合的空间。

基于互联网技术的新媒介,虽然提供的是开放的空间,但是,当青年亚文化族群开始使用这一空间,便切割出一块属于自己的天地,他们通过进入的途径、交流的符号、共享的情感,形成一个又一个"圈子",呈现出部落化的存在样态。最典型的特征是圈子有准入门槛的设置。譬如,大多数耽美社区都有严格的准入机制,注册时需要回答和耽美相关的问题,欲通过还需要一段时间的预备期或观察期(这段时间里,论坛经营者会考察新进成员的表现,判断其是否符合"同人女"身份)才能被接受为正式成员;有时还需要基于虚拟货币进行交易才能获得相关内容——积分(表明成员在社区中的活动经验值)满多少以上或需要回复(只有论坛注册成员才可以对帖子回复)等才能阅读帖子、下载耽美资源……有些亚文化形式,虽然没有严格的空间准入,但是,也以特定的方式构成辨识和区隔的标准。在网上一些迷群和贴吧里流传的由《老友记》资深粉丝编写的《〈老友记〉FANS必备宝典》中,就有"'老友迷'必须知道的114件事",还专设了"《老友记》段位测试"。

更为内在的区隔是语言符号层面上的。90后们创造的火星文,结构非常复杂,将古今中外的图形文字元素融合进去,圈内人都能懂,没有沟通障碍,圈外人却无从索解,以此隔绝了父辈和主文化的语言系统。耽美文化的语汇系统也是如此,其中大量的词汇都是通过对既有语言的挪用和对词语意义的篡改、改编和转译等而来,由此产生新词义,如"攻""受"被用来指代男子同性恋爱中的主动方和被动方。"同人女"将语言符号重新分类并将其混杂起来,从而创制了专属的语汇系统。这个系统在网络上得到了完备的发展,创造了一种独特的风格感,使"同人女"们凝聚在一起并与其他人区别开来,同时也实现了耽美文化与主导文化的区隔与对立,在抵制主导文化的价值基础上积极地生产出亚文化的意义。①

亚文化族群正是通过区隔达到特定类型的亚文化成员的凝聚。譬如,亚文化音乐网站"私人音乐杂志",除了发布私人音乐电子杂志外,族群成员高频率地在讨论群中互动交流,他们不仅将自己喜爱的亚文化音乐专辑上传供族群成员共享,而且还会分享一些与亚文化音乐相关的图片、电影,甚至是族群

"韩剧TV"APP,《当你沉睡时》第一集播放时的字幕与弹幕(截屏)

---

① 陆国静. 耽美文化及同人女群体研究. 苏州:苏州大学硕士研究生学位论文,2011:21—22.

成员自己撰写的文字。无论是网站创建者坚持"根据自己所接触和了解的类型进行音乐的选择",还是族群成员上传"自己喜爱的专辑",总是能得到族群其他成员的赞美和认可。他人的"感同身受"、欣赏、赞扬是族群成员所渴望得到的,也是他们个体身份建构不可或缺的组成内容。[①] 族群的这些活动,使区隔的空间变成融合的空间,形成某种情感的共同体。

这种融合空间,不仅是情感的共同体,而且是融合文化的共同体。因为青年亚文化的空间区隔实际上也是在前文所述的集聚、流动、参与、分享之中完成的,因此,它在根本上不是空间的排斥与边界的设定,而恰恰是空间的拆解和边界的跨越,由此而形成空间的融合,意味着青年亚文化空间与其他文化空间的彼此错杂和并置生存。

首先,各类媒介产品作为多样文化共享的资源,被青年亚文化根据自身的趣味、目的及掌握的技术手段所改造。譬如,青年亚文化青睐的微视频通过对电视"焦点"与"框架"的取消,冲击与颠覆了电视本身的逻辑,随手抓拍的"社会异闻"(以与过于正式的"新闻"区别)可以随时被传送到网络上;同时,传统电视机构播出的节目又成为青年亚文化微视频制作的重要资源,像对《新闻联播》的各种版本的拟仿就是这方面的典型。所有这些都借助网络的超链接和共享性,影像变得可以自主控制节奏,成为更具私人化的娱乐工具,从而也传递出去政治化和反商业化的信息。[②] 在此过程中,文化对抗与文化依存、趣味分野与价值关联,在相互对峙之中显示自身,在彼此互动之中各诉其求。

---

① 马中红,刘润. 亚文化音乐传播的新媒介空间//蒋原伦,张柠. 媒介批评:第5辑. 桂林:广西师范大学出版社,2013:22.
② 陈霖,邢强. 微视频的青年亚文化论析. 国际新闻界,2013(3).

其次，各种媒介技术手段以及表意策略被青年亚文化挪借和征用，形成自身的表达，其本身就是一个融合的过程。美国媒介学者亨利·詹金斯分析了粉丝亚文化群体对小说、电视节目、电影等媒介产品进行的"挪用"，像哈利·波特迷通过改写或者续写哈利·波特故事，表达自己对生活的理解；《幸存者》迷在影迷网站上研究节目后续发展，甚至搜寻线索，发布"剧透"；有些人自导自演草根版的《星球大战》，有些人用Photoshop软件"篡改"卡通形象，以表达自己对时事的见解……他指出，这些"挪用"旨在表达自己对媒介内容的理解，彰显自己的身份认同，反映了"意义与知识的合作生产、问题解决的共享，而这些全都是当人们参与网络社区时围绕共同兴趣自然而然地发生的"，由此而形成了"融合文化"。[①] 詹金斯所说的"挪用"和"篡改"，也是伯明翰学派亚文化研究中特别考察的符号策略。不同的是，伯明翰学派的亚文化研究，强调的是通过"挪用"和"篡改"而组合成的各种符号，抹杀和颠覆了原有的直接的意义，形成"抵抗的仪式"，而"抵抗"是以阶级对立、意识形态对抗为基础的；而詹金斯强调的则是"挪用"和"篡改"形成的新的文化形式——"融合文化"。这种差异在某种意义上也正是青年亚文化的实在空间与新媒介空间的差异，它意味着在新媒介空间中，阶级、性别、种族、意识形态的对抗性趋于淡化，而消费、娱乐、休闲成为更加突出和重要的因素。

再次，青年亚文化的文化实践和创造以其对其他文化的反哺促成了融合空间。一方面，新媒介环境中，青年亚文化的另类表达瞬间即可转化为主导文化的元素，后者甚至有意识地将

---

① 亨利·詹金斯. 融合文化：新媒体和旧媒体的冲突地带. 杜永明，译. 北京：商务印书馆，2012：6.

亚文化方式作为一种策略纳入自身的话语体系之中，以之标新立异、吸引眼球，实现自身的商业价值。2012年第一届"中国好声音"中，无论是"小魔女"吴莫愁极富叛逆的演绎，还是获得总冠军的梁博最后一曲摇滚式的《我爱你中国》，都将亚文化元素缝合进商业、娱乐、主流政治等中并联袂秀出。另一方面，青年亚文化的文化创造和表意策略也因为网络环境的开放性、流动性和全民性，而或快或慢地渗透到日常生活的各个领域。仅以语言为例，我们就可以看到，本属于动漫亚文化专有词汇的"给力"上了《人民日报》的版面，各式各样、五花八门的语体进入机关的公文，大学校长的演说吸纳了年轻人网上交流的用语……上述两个方面都体现了亚文化与主文化之间抵抗而依存、区隔又融合的状态，如果沿用过去"抵抗／收编"的模式来看待上述情况，必然会陷入圆凿方枘的尴尬。

青年亚文化群体以其亚文化实践界定了自身的新媒介空间。正如德·塞托所说的，"空间是被在空间里发生的活动的整体所激活的"，"空间就是一个被实践的地点"。① 新媒介空间并不特别地属于哪一种文化，文化主体的力量和价值取向成为空间性质的决定性因素，不仅决定了其技术支持和后台支撑的具体运用，而且决定了在其间的文化表达的形式和内容。青年亚文化群体在新媒介空间中的传播活动和文化实践，形成了浩繁而无边的新媒介空间中突出的文化存在和文化建构，其与文化整体尤其是主导文化构成的关系，实际上折射于空间关系之中，包含着相互之间的差异、对抗，也包含着相互之间的互动、互渗与融合。在这个意义上，青年亚文化传播所建构的新媒介空间也预示着青年亚文化的走向——它不可能形成一家独

---

① 米歇尔·德·塞托. 日常生活实践 1：实践的艺术. 方琳琳，黄春柳，译. 南京：南京大学出版社，2009：200.

尊的文化，随时随地分享着其他文化，并随时可能融会到其他的文化之中。

作为典型的青年亚文化类型，粉丝亚文化也正是在这样的空间中展开传播实践，并以他们的传播实践形塑着这样的空间。我们由此出发来考察粉丝群体的媒介使用便会发现，他们以自身的媒介实践在不断定义着他们身处的媒介空间，其突出的表现是构筑了属于自己的媒体，也就是粉丝媒体。粉丝媒体的出现不仅改变了粉丝文化生产的形态和粉丝文化传播及其发挥影响力的途径，而且改写了粉丝主体与偶像之间、粉丝文化与主文化之间、粉丝与传统媒体之间的关系。这些正是本书意欲探讨的内容。而在展开这些探讨之前，我们将首先以主流媒体对粉丝文化中所谓"极端粉丝"的再现的案例，来透视大众媒介与粉丝文化的关系，作为对粉丝媒体进行考察的一个鲜明的参照。

媒介通过选择特定的"这一个",通过二元对立的思维模式和再现方式,通过对关乎对象真实存在的选择性关注,完成了主流文化对粉丝亚文化的规制和界定,回避了对粉丝亚文化真实而全面的图景的呈现。

疯狂粉丝的媒体镜像

粉丝文化是大众媒介时代的产物，在某种意义上，没有大众传播媒介就没有粉丝文化，而没有积极、活跃的粉丝群，大众传播媒介的市场就会显得苍白冷清。大众媒介通过对文化的传播塑造了媒介中心的神话，创造了明星文化，从而激活了粉丝文化，形塑了粉丝文化。与此同时，粉丝文化作为文化产品市场的活跃力量，也反哺着大众媒介的运作，其对与偶像相关的文化产品的巨大消费热情和消费能力，对大众媒介的运营有着生死攸关的影响力。尽管如此，在大众媒介的机制与粉丝社群机制之间，前者一直占据着主导的地位，尤其是当粉丝文化中出现了极端的、越界的行为时，大众媒介所担负的对粉丝文化的规训功能便凸显出来。

> 当粉丝文化中出现了极端的、越界的行为时，大众媒介所担负的对粉丝文化的规训功能便凸显出来。

"极端粉丝"现象

20世纪60年代的美国，披头士乐队受到无数粉丝堪称疯狂的追捧，美国《生活》周刊报道称，毫无防备的披头士成员胆敢走到大街上，就要冒着被自己的粉丝扯碎或踩死的极大危险。从列侬被其粉丝杀害到朱迪·福斯特的粉丝刺杀里根总统，从2006年林俊杰的粉丝在高架桥上企图跳河自杀来向林俊杰示爱，到2011年广州某整形医院一位粉丝逼迫医生把他整成"哥哥"的样貌以悼念张国荣。这些中外粉丝的极端行为以其超越常规的性质，总是引起媒体、公众还有文化研究者的关注。

这方面，2007年的"杨丽娟事件"无疑极具典型性。杨丽娟苦追偶像刘德华十二年，以致一家人倾家荡产，老父为满足女儿见偶像的愿望甘愿卖肾筹款，2007年3月26日凌晨，杨父因不满刘德华未与女儿单独见面而在香港跳海自杀。大众媒介与"杨丽娟事件"及极端粉丝现象的关系，因其复杂性和

英国利物浦披头士博物馆展示的当年狂热粉丝（影像翻拍）

丰富性，自然成为学界关心的议题。事件过去后的一段时间里，学界对大众传播媒介在"杨丽娟事件"中的作用、表现、教训等，多有讨论。① 这些讨论对我们理解"杨丽娟事件"和

---

① 例如：有学者认为在此事件中媒体从业人员对新闻价值观的理解发生了偏差（丁柏铨、杨坚：《新闻传媒应从"杨丽娟事件"中反思什么?》，《新闻实践》2007年第5期）；还有观点指出，媒体的介入式策划改变了事件的发展方向，最终导致了悲剧的发生（毕诗成：《人间悲剧背后有多少罪恶的传媒黑手》，《中国青年报》2007年4月5日）；有学者指其为一桩典型的"传媒假事件"，在报道"杨丽娟追星事件"的过程中，新闻媒体兼具了消息来源和报道者的双重角色（陈力丹、刘宁洁：《一桩典型的"传媒假事件"——论"杨丽娟追星事件"报道中传媒的道德责任》，《新闻界》2007年第2期）；也有论者批评媒体以娱乐化的方式报道"杨丽娟事件"，体现不出媒体应有的人文关怀，媒体的社会责任和职业道德的缺失，新闻专业精神遭遇严重危机（姚斐、吴勇：《从"杨丽娟事件"看媒体的新闻专业精神》，《新闻知识》2007年第7期）；还有论者指出大众传播媒介在迷的形成中起到关键作用，认为媒体通过高新传播科技手段和大量同质化信息，营造出一种"超真实"的虚拟环境，大多数迷在"拟态环境"中迷失自我，进而陷入对明星的盲目崇拜之中（刘潆槛、莫梅锋：《迷的病态化与传媒责任》，《新闻记者》2007年第6期）……

粉丝文化现象不无启示。但是,需要指出的是:其一,这些讨论大多只将这一事件作为大众文化现象,而没有关注其亚文化性质。中国的粉丝群体年龄主要在15—30岁之间。他们爱好广泛而时尚,喜爱新事物,喜爱娱乐,喜爱自我表现,愿意与他人分享爱好并愿意为爱好付费。①"粉丝"现象作为青年亚文化,其突出表现在于,粉丝群体以其特有的兴趣和习惯,以他们的身份、他们所做的事以及他们做事的地点而在某些方面呈现为非常规状和(或)边缘状态的人。② 其二,与此相联系的是,这些讨论没有充分注意大众传播媒介作为主流文化重要的表意系统,在对杨丽娟这样的亚文化人群及其活动的再现中如何表现出文化霸权的地位和特质,以及这一过程中的文化冲突的意涵。另外,这些讨论普遍缺少对具体的媒介报道进行持续、集中的观察,多为宏观的、总体的意见,相对缺乏细致的文本分析和更具针对性的意见。

虽然"杨丽娟事件"已是陈年旧事,但是在我们看来,通过反思大众传播媒介对这一事件的再现,我们可以探寻主流文化如何借助媒介界定和阐释粉丝亚文化,从而阐明大众传播媒介文化功能在其间的得失,揭示主流文化与粉丝亚文化的关系状态及其暴露的整体文化情境的裂隙,所有这些,将为观察和评价今天乃至将来的媒介文化及青年亚文化现象提供积极的启示。作为中国最大的电视传播机构,中央电视台面向中国最广大的受众,传播主流文化、主流思想和主流生活方式,在国内具有广泛而深刻的影响力,所以我们选择它对"杨丽娟事件"的再现作为集中考察的对象,通过对其再现"杨丽娟事件"的再思考,解析大众传播媒介究竟依循怎样的媒介逻辑,怎样形

---

① 岳晓东.我是你的粉丝:透视青少年偶像崇拜.上海:上海人民出版社,2007:75.
② 孟登迎."亚文化"概念形成史浅析.外国文学,2008(6).

塑极端粉丝乃至整个粉丝文化的形象，将主流文化的观念和意义铭写在突出的粉丝文化个案之中。所谓媒介逻辑，指的是媒介（作为具有文化内涵的技术和正规组织）对"真实世界"本身以及对"真实世界"的塑造和建构的影响，它构成"理解和解释社会事件的方法"，其"形式的要素包括材料怎么组织，材料呈现的风格，关注和强调的重点以及媒介传播的法则"[1]；在我们看来，考察和把握媒介逻辑是对媒介再现活动进行文化研究和批评的切实而重要的途径。

二元对立的再现模式

杨丽娟的追星历程经由2006年3月22日《兰州晨报》报道后，引起众多媒体的跟进。2006年中央电视台新闻频道曾做过两次较为详尽的报道：一是东方时空《时空调查》制作播出了《家有追星族》，报道主题定为孩子追星对家长和家庭造成的困扰；二是新闻社区《编辑说事儿》详细报道了杨丽娟的追星梦。2007年杨丽娟父亲杨勤冀在香港码头跳海身亡，央视对杨丽娟事件的报道热度骤然升温，不仅新闻频道，法治频道、综艺频道、经济频道等也开始关注"杨丽娟事件"：新闻频道连续两天在新闻社区用十分钟左右的时长详细报道了这一事件；法治频道在晚间黄金档栏目《中国法治报道》和《大家看法》中报道、讨论了杨丽娟的追星悲剧；经济频道在《全球资讯榜》的播报中报道了杨父跳海的消息；综艺频道在《四月文化月谈》中讨论了这一事件。央视的报道样式和节目形态虽各有不同，但是它们体现了大致相同的媒介逻辑，在事实选

---

[1] 丹尼斯·麦奎尔. 麦奎尔大众传播理论. 4版. 崔保国，李琨，译. 北京：清华大学出版社，2006：92.

择、报道模式、思维方式、重点设置等方面都呈现了相同或相近的话语特征,共同完成了主流意识形态对粉丝亚文化的书写。

就对新闻事件的再现而言,媒介逻辑的起点在于对具有所谓新闻价值的事件的关注和选择。"杨丽娟事件"包含的非正常性、冲突性、显著性、趣味性等特性,无不符合媒介的新闻选择标准,也就是说这样的事件一旦发生,媒介将不遗余力地予以报道,以此吸引公众的注意,牵动公众的视线。我们看到,一如其他媒体,中央电视台也投入大量时段报道和评述这一事件。也许,对具有新闻价值事件的关注无可厚非,但是此间的媒介痼疾在于重视"非常"而忽略"日常",由此导致的结果是以非常规的事件的凸显,左右和主导公众对事件常态的把握和认知。就"杨丽娟事件"而言,央视的再现将人们引向了对所谓"病态"粉丝的关注,而忽略了粉丝文化整体的常态。也就是说,它将杨丽娟从粉丝亚文化群体之中抽取出来并作为突出的、极端的代表从而完成了对粉丝亚文化的边缘性、非理性和破坏性的界定。正如有学者指出的,大众媒介经常通过典型个案实现对粉丝形象的类型学归纳,使公众能够在认知少数甚至单个粉丝的基础上建立起对粉丝整体的想象和期待,商业利益和意识形态则是媒体选择建构角度的出发点和最终目的。① 如此,央视的报道和评论不仅将杨丽娟作为特殊的个体抽离出整个的粉丝亚文化存在,而且将粉丝亚文化存在作为孤立的文化实践从其所属的文化整体中抽离出来。

综观中央电视台对"杨丽娟事件"的报道发现,媒体的报道模式基本遵循"三步曲":第一步,报道现实——杨父跳海后,杨丽娟痛哭并声讨刘德华,要求刘完成父亲遗愿;第二

---

① 蔡骐.论大众媒介对粉丝形象的建构.新闻与传播研究,2010(2).

步,回顾历史——追溯杨丽娟十二年的追星历程,其间,"辍学""举债""卖肾""赴港"等字眼重复出现;第三步,诊断病症——就"杨丽娟事件"采访心理专家、青少年问题专家、文化评论家,这些专家的"诊断"无一例外地将杨丽娟定位于"病态"的粉丝。这样的报道模式,重点显然落在了"诊断"这个环节,而此前的事件导入和历程回顾无不为诊断做好铺垫。专家的"诊断"作为报道的结穴所在,突出了杨丽娟追星过程中的非理性和偏执,唤起受众对以杨丽娟为代表的粉丝群体的"非我族类"之感。杨丽娟作为粉丝的破坏性或曰"暴力"成分显得异常突出——不仅伤害家庭,害死父亲,也困扰了明星。虽然,这些专家并不都是精神分析等心理学专业的,但是,他们对迷狂、入魔、分裂、非理性等语汇的引用,恰如麦特·希尔斯所指出的那样,其所指称的粉丝的"暴力",无不显得"像是从详细的精神分析推论中流曳而出,从而转移至对于'精神错乱的'迷的刻板印象中,导致临床术语得以滋养对于迷的'常识性'贬损"①。在这样的过程中,专家的权威被纳入媒介自身权威形象的建构之中,使媒介空间成为主流观念主宰的场域,因而强化了媒介代表的主流社会对非主流人群的不容置疑的道德优越感和权力合法性。

进一步看,对央视这种再现模式构成支撑的是二元对立的思维方式。二元对立是人类思维之中的重要机制,两个要素之间的差异即会形成对立,差异导致的二元对立形成比较之后的判断,即"相对于什么"的判断,但是比较的前提通常会被省略,从而形成非此即彼的认识逻辑。新闻话语中的二元对立产生了"他者化"现象,即"把某些特定的社会行为贴上了'越

---

① Matt Hills. 迷文化. 朱华瑄,译. 台北:韦伯文化国际出版有限公司, 2005:165.

轨'的标签。同样道理,某些特定的社会群体也被含蓄地再现为区别于'我们其余人'的'他者'"①。媒体肯定或否定其中的某一方面,实质上也包含了对另一方面的贬斥或者认同。央视对"杨丽娟事件"的报道和评论建立了一系列的二元对立关系,具体表现在四个方面:一是"圆梦"与"幻想"的对立,杨丽娟因"梦"追星十二年,杨家称见面是为女儿"圆梦",媒体采访的专家则称其为"青春期坚定的妄想色彩的幻想"②;二是"孝顺"与"自私"的对立,媒体在报道中不乏"追星散尽家财""老父卖肾筹旅费"等说辞,杨丽娟在媒体的聚光灯下成为千夫所指的不孝女;三是"喜爱"与"迫害"的对立,杨丽娟追星十二年的传奇故事,引起包括明星在内的社会公众的广泛讨论,认为明星应该有自我的空间,追星不应构成对明星生活的干扰甚至破坏,刘德华本人批评杨丽娟的话语和画面被电视节目反复引用;四是"理智"与"疯狂"的对立,不仅在众多专家看来,杨丽娟的追星梦是患有严重精神疾病和心理疾病的表现,接受采访的孩子家长也都表示,杨丽娟的追星行为是不理智的、疯狂的,甚至是"有病的"。这样的二元对立,框定了对错与好坏的界限,杨丽娟便被设定为一个越界者。而对央视所代表的主流文化来说,"将粉丝设想为越轨者的后果之一,便是自我安慰——'我们'是安全的,因为'我们'不像'他们'那样不正常,世界是安全的,因为现实和虚幻之间,不可改变的东西和可以争取的东西之间有着明确的分界线"③。

---

① 格雷姆·伯顿. 媒体与社会:批判的视角. 史安斌,主译. 北京:清华大学出版社,2007:324.
② 语出央视新闻频道《新闻追踪:老父亲跳海自尽 女歌迷不改初衷》中中日友好医院心理学教授李子勋在接受《新闻社区》专家连线采访时所言。
③ 朱莉·詹森. 作为病态的粉都:定性的后果. 杨玲,译//陶东风. 粉丝文化读本. 北京:北京大学出版社,2009:130.

"疾病"的隐喻

与上述情况相应,央视再现"杨丽娟事件"的媒介逻辑,也体现于对关注和强调的重点的分布。

我们看到,央视在报道或评论中,将杨丽娟的偏离行为逐条列出作为"病症"的表征,"病症"成为"杨丽娟事件"的核心信息。央视新闻频道《时空调查》栏目联合新浪网就"追星对家长和家庭造成什么样的困扰"的问题进行调查,据此制作播出了"家有'追星族'"专题。在这个专题中,类似于杨丽娟的追星行为都被称为"疾病"。为了加强疾病的隐喻的力量,这个专题的主持人甚至援引了二十年前郭达、蔡明和赵丽蓉合演的小品《追星族》,这个小品列举出粉丝行为的四种"病症"表现:症状一,不分场合盲目模仿明星的行为举止;症状二,对明星的一切不加判断地崇拜和接受;症状三,除了追星,对其他的事情毫无兴趣;症状四,除了追星,对他人漠不关心。对"疾病"的强调与凸显,使其成为粉丝亚文化存在的一种隐喻;而且疾病的隐喻在此间由个体延伸至群体,由独特的粉丝个案扩展及一般的粉丝文化。如此,公众有关粉丝群体的集体想象被定格于疾病的隐喻,反证了主流文化的"健康",强化了其不言而喻的正常与正当的地位。对杨丽娟这样的粉丝做出"病症"的诊断,是以粉丝的主体身份的缺席为条件的,制作者"将情感反复不断地'修饰剪裁'成单一且界限分明的形态"①,而让观众无法真正地进入杨丽娟真实的内心世界。在这种情况下,杨丽娟自己的话语即使时有出现,也是

> 对"疾病"的强调与凸显,使其成为粉丝亚文化存在的一种隐喻;而且疾病的隐喻在此间由个体延伸至群体,由独特的粉丝个案扩展及一般的粉丝文化。

---

① Matt Hills. 迷文化. 朱华瑄,译. 台北:韦伯文化国际出版有限公司,2005:157.

被引向"她有病"的判断或暗示，譬如，好几个节目都引述了她讲述自己就因为一个梦而迷上了刘德华，还引述她在父亲死后要求刘德华道歉和祭拜的话语，这些话语被置于"诊断"的语境，而脱离了主体的存在。

　　央视还用很多的篇幅聚焦于杨丽娟个人和家庭的不幸。节目中反复提及的是，杨丽娟为追星圆梦而"荒废学业、散尽家财"，她父亲讲述自己如何为了满足女儿的梦想的画面也几乎出现于每个节目中。与此相应的是，节目里出现的专家、嘉宾、观众和网友们，无一例外地将板子打在杨丽娟个人及其父母的教育问题上。《大家看法》在报道"杨丽娟事件"时，做了一个题为"阿娟父亲的自杀，错在谁？"的网上调查，调查统计结果为阿娟57%，阿娟父亲28%，明星2%，阿娟的家庭13%。且不论调查结果的可信度如何，问题下设的四个选项——杨丽娟一家占据三个——的设置已经表明了媒体对这一问题的态度和倾向。主持人最后还引用网友的评论"点题"："阿娟精神空虚，自私自利，毫无孝道到极点；阿娟的父亲，溺爱孩子，糊涂到极点；这个家庭悲剧到极点。"《大家看法》节目的宗旨"用大家的智慧，探寻解决问题的思路""用大家的力量，帮助那些需要帮助的人"，在对"杨丽娟事件"的报道中难觅踪影。大家用一套广为接受的社会道德或科学常识的话语分析杨丽娟及其家庭的不幸，却将其与"我们"隔绝开来，与社会隔绝开来。正如朱莉·詹森所尖锐地指出的那样，"我们太过轻易地使用社会和心理研究来发展和维护一种自私自利的道德风景。这个地带在我们心中培育出令人可耻的道德优越感，它让他人成为受外在力量摆布的例子，同时暗示我们仍然是纯洁的、自主的、不受影响的"①。媒介的如此再现制造出杨丽娟所属的粉丝亚文化群体"他们"与"我们"大众所在的社会群体之间的对立关系,并将亚文化群体从社会群体和文化整体中隔离开来。

  央视对"杨丽娟事件"的再现中,另一个强调的重点是杨丽娟的幻想。麦特·希尔斯在分析人们对粉丝的刻板印象形成中指出,"不断地将焦点放在迷的情感、情绪、幻想等面向……将情绪或幻想从认知或知识中分离出来,很有可能是许多道德二元论里典型具有的特质"②。这种道德二元论在央视的媒介语境中,表现为对梦想与幻想的区别,即梦想是人类对于美好事物的一种憧憬和渴望,有时也是不切实际的,却是人类最天真最美丽的愿望;而幻想则是指违背客观规律、不可能实现的、荒谬的想法或希望。杨丽娟多次表明见偶像刘德华是为了"圆梦",但媒体的报道和评述中,将其定性为"幻想",称其为"妄想""疯狂",冠之以"疯狂歌迷""痴迷追星"的标签,甚至直接以揶揄讽刺的口吻极尽批评之能事。美国的粉丝文化研究者曾强调幻想之于粉丝的意义,指出:幻想是人类拥有的与困难情境协商的方式。当欲望被禁止,而对完全满足的渴望却仍然存在时,断裂产生了。幻想就在这个断裂上搭起了一座桥。而自从大众媒介兴起之后,"幻想得以'被塑造'的一个方法便是利用明星形象……这些明星形象经常与幻想者的个人生活纠缠在一起,并成为被压抑的、寻求完满的欲望的重要符号"③。对比斯蒂芬·海纳曼为粉丝幻想的辩护,我们

---

  ① 朱莉·詹森.作为病态的粉都:定性的后果.杨玲,译//陶东风.粉丝文化读本.北京:北京大学出版社,2009:131.
  ② Matt Hills.迷文化.朱华瑄,译.台北:韦伯文化国际出版有限公司,2005:176.
  ③ 斯蒂芬·海纳曼."我将在你身边":粉丝、幻想和埃尔维丝的形象.贺玉高,译//陶东风.粉丝文化读本.北京:北京大学出版社,2009:156.

可以窥见,央视对幻想的贬抑是对现代媒介传播和娱乐工业作为粉丝幻想的肇因进行的有意无意的回避,是对明星作为激发和塑造粉丝幻想的源泉的否认。这种回避或否认同样维护的是主流文化生产机制。

  央视对"杨丽娟事件"上述各个方面的强调中,也呈现出某种暧昧的同情。央视一方面采用心理专家的观点,认为杨丽娟及其父母都有精神疾病和心理问题,不能将杨丽娟等同于普通的追星族,称其需要治疗。譬如,新闻频道以"老父亲跳海自尽 女歌迷不改初衷"为题报道了杨父跳海的消息,针对网友对杨丽娟及其家人的批评,主持人呼吁社会公众"对杨丽娟少些责难,多一些道义上的宽容与帮助"。另一方面,正如我们上面的分析所揭示的那样,央视在新闻报道和评论中,每每将杨丽娟置于二元对立的语式所凸显的负面评价之中,对杨丽娟及其家庭悲剧鲜有真正的关切。如此的暧昧并非简单地因为

陈立农的粉丝"爱豆剑指方向,我必应援到场"海报

不同频道、不同节目持有不同的立场和观点，而是主流媒介所代表的主流文化自身的矛盾：一方面是其面对亚文化存在时的文化优越感，显示为高高在上的同情；另一方面，由于这种优越感和同情的表达是建立在文化话语权力的运作之中，而并非深入体贴对象存在的结果，故而难以真正地祛除粉丝亚文化对社会秩序、主流规范的破坏性，于是在对对象的竭力贬抑之中控制后者的威胁所带来的道德恐慌。简言之，这种暧昧是大众传播媒介作为主流文化代表的宣判功能和修复功能的矛盾所致。

结构性矛盾的遮蔽

央视对"杨丽娟事件"再现的媒介逻辑，为我们塑造了一个"着魔的独狼"的形象。① 就其粉丝的身份而言，杨丽娟并非一个特殊的个案，而极端粉丝现象植根于现代社会的文化土壤之中。粉丝亚文化群体，渴望自我实现，他们在偶像身上寄予希望和梦想，找到认同和归属，并以此对抗主流文化的召唤。这不仅体现在明星偶像崇拜之中，也体现在游戏迷、动漫迷、网瘾者、玄幻小说迷等现代各种媒介迷的活动之中。而央视对"杨丽娟事件"的再现让我们看到，媒介通过选择特定的"这一个"，通过二元对立的思维模式和再现方式，通过对关乎对象真实存在的选择性关注，完成了主流文化对粉丝亚文化的规制和界定，回避了对粉丝亚文化真实而全面的图景的呈现。

---

① 美国学者朱莉·詹森指出，粉丝经常被学者和大众概括为两种病态类型——着魔的独狼（obsessed loner）和歇斯底里的群众。前者是指在媒介的影响下，进入了和名流人物的强烈的幻想关系，这些个体因跟踪、威胁或杀害名流而臭名昭著；后者是指疯狂的或歇斯底里的人群中的一员，或是那些在机场因瞥见摇滚歌星而尖叫、哭泣的青少年，或是在足球比赛中咆哮、骚乱的狂热球迷。参见朱莉·詹森. 作为病态的粉都：定性的后果. 杨玲，译// 陶东风. 粉丝文化读本. 北京：北京大学出版社，2009年.

这表明，媒介的意识形态功能已经内化到其运作机制与思维模式之中，恰如费斯克所指出的那样，"意识形态被视为意指与话语领域内不平等的社会关系进行再生产的过程"①，代表着主流文化观念的大众传媒，在看起来恰如其专业职分所需而对非同寻常的"个别特例"的选择中使主流价值观念的呈现显得如此自然而然，于是"在塑造和维持共识上扮演了关键的角色"，展开意识形态的工作，即在"主导意识形态话语"中，大众传播媒介"对世界分门别类"，在"被偏爱的"和"被排除的"解读之间，在有意义的事物和无意义的事物之间，在正常人和离经叛道者之间不断地划分界线，提供概念，从而发挥着"意识形态效果"的功能。②

通过央视对"杨丽娟事件"的报道和评述，我们可以看到，媒介的意识形态功能的发挥，是以再现的偏差为代价的。一个非常重要的方面是，在"培育粉丝的幻想和欲望成为商业文化制作的一个重要关切"③的现实语境下，央视的再现对社会和媒介在"杨丽娟事件"中所起的作用避而不谈，对媒介关联的娱乐文化及其效应亦无涉及。当代社会中，媒介以及紧密关联的娱乐文化产业所形成的驱动力作用于粉丝文化发展的各个环节，它让明星偶像接近受众，催生粉丝文化的主体，又极力对粉丝文化进行塑造，运用各种媒介功能对粉丝沉迷的客体进行着潜在的规定。高度发达的媒介传送着海量的而又缺少内在联系的文字、图像和声音的文本，深度介入人的存在，主体已经呈现出片断的、互不关联的、流动性的特征，以至于迷失

---

① 约翰·费斯克，等.关键概念：传播与文化研究辞典.李彬，译注.北京：新华出版社，2004：128.

② 迪克·赫伯迪格.亚文化：风格的意义.陆道夫，胡疆锋，译.北京：北京大学出版社，2009：107.

③ 科奈尔·桑德沃斯.内在的粉丝：粉都和精神分析.杨玲，译//陶东风.粉丝文化读本.北京：北京大学出版社，2009：217.

在媒体所建构的虚幻的光影世界中。这恰如道格拉斯·凯尔纳所指出的那样,"在后现代的文化中,主体已经被分化为一种越来越欣快但又支离破碎的变数,而非中心化的后现代自我也不再感受到焦虑,同时也不再拥有深度性、实体性和一致性等"①。

极端粉丝的行为实际上让我们看到粉丝文化主体对真实与虚幻之界的模糊可以达到怎样的程度,也以此折射出文化整体的处境。在文化日益碎片化的现代社会,个体失去了稳定的身份,逐渐与家庭、朋友和社群脱节,因此易受非理性诉求的影响;为摆脱内心的孤独和恐惧,个体开始寻找情感的寄托和依恋对象;发达的媒介看起来能够如此满足各种各样的需要,为孤立的个体提供一种虚幻的体验,以满足人们现实生活中"本真"关系之缺乏的尝试。在社会上孤立、不擅长社交、自我封闭的人,容易为大众媒介所引诱,陷入和明星的幻想性沟通之中,并最终跨越了正常的底线,演变为偏离正常的迷恋。这样的过程,也昭示了社会中各种结构性矛盾(主要集中在阶级、性别、种族、代际、性取向和消费方式)的普遍存在,而且这些结构性矛盾往往呈现为处于从属(或弱势)地位的群体对占主导地位的阶层或意识形态的偏离、背弃甚或抵抗。"从更深层次意义上讲,'迷'文化代表了异彩纷呈的后现代时期人们对新身份／认同的构筑与打造。"②

与上述方面相联系,央视对"杨丽娟事件"的再现,也忽略了粉丝以其对所迷对象的深度情感投入区别于一般的喜爱,"通过调动和组织情感投入可以建构出个人的身份"③ 这一事

---

① 道格拉斯·凯尔纳. 媒体文化:介于现代与后现代之间的文化研究、认同性与政治. 丁宁,译. 北京:商务印书馆,2004:396.
② 刘燕. 媒介认同论:传播科技与社会影响互动研究. 北京:中国传媒大学出版社,2010:58.
③ 劳伦斯·克罗斯伯格. 这屋里有粉丝吗?:粉都的情感感受力. 卢世杰,译//陶东风. 粉丝文化读本. 北京:北京大学出版社,2009:134.

实。从情感的维度看,粉丝的幻想的实质在于在强烈情感驱动下对完满的自我身份的渴望,以弥合现实与欲望之间的裂痕。现代粉丝文化是在信仰缺失的情境中对信仰的力量的呼求,它以对明星偶像的膜拜代替了对神灵的敬畏,以亚文化群体的部落式存在代替了由信念系统统一和支配的传统社会存在。正如麦特·希尔斯指出的,迷与虔诚的宗教信仰者做比较,并没有什么本质上的病态化问题,因为两者投入其中的根基来由十分相似;迷既像也不像宗教,它乃存在于"狂热"与"文化"之间。[1] 现代社会里粉丝对所迷客体的崇拜和迷恋亦如宗教一样,借由所迷的对象,将自己从无力而孤独中解救出来,获得情感的慰藉和生存的意义。但我们显然还是无法将现代粉丝文化置于宗教文化的语境之中,恰恰相反,现代粉丝文化与宗教情感的某种类似性,在一定程度上证明了宗教的衰落和信仰的危机,意味着传统世界的精神统一性的溃散。当人们对上帝的信仰逐渐淡化时,社会用娱乐来分散人们对结构不平等和无意义的生存等痛苦事实的注意力,甚至商业品牌营销也利用宗教的形式唤起粉丝群体的拜物之情。

综上所述,央视在对极端粉丝现象的再现中,有意识忽略了这个个案的背景和土壤中包含的社会结构性冲突和矛盾,因此不能全面地、切近地反映粉丝亚文化及其与文化整体的复杂关联,这不利于公众对粉丝文化的认知和理解。但在当今的传播格局中,主流媒体对粉丝文化的再现,并非总是唯一凸显的声音。接下来,我们会看到,粉丝媒体的出现,为粉丝文化的再现与表达提供了更多的可能性,也使粉丝文化与主流文化的关系以更为复杂和多样的方式为我们所感知。

---

[1] Matt Hills. 迷文化. 朱华瑄, 译. 台北: 韦伯文化国际出版有限公司, 2005: 195-197.

粉丝媒体是随着粉丝们传递信息和表达情感的需要而产生的,也因此具有了较强烈的感情色彩和立场倾向;也正因如此,粉丝媒体之间、粉丝媒体和其他媒体之间也形成了不同的关系状态,会处于"斗争"与"合作"之中。

参与文化的场景构造

早在2014年的时候，皇马前锋C罗在个人社交网站上的粉丝数就突破了1亿。这1亿粉丝如果聚集在一个实体的空间里，那得要多大的地方？而在虚拟空间里，就不是什么问题。更重要的是，C罗的粉丝们聚集在这里，围绕着共同的偶像，传递消息，发表评论，相互交流，展示制作。所谓粉丝媒体也就在这里产生了。

前互联网时期，大众传播媒体在偶像的塑造和明星信息的传播上占据着绝对的主动权和相当的垄断性，粉丝相对被动地接受大众传播媒介呈现的信息。在这样的传播模式下，偶像的形象塑造受限于大众媒体的报道内容和方式，偶像以大众媒介的偶像符码被制造和追崇，成为粉丝生活的众神。另一方面，前互联网时期，囿于时空的限制，粉丝个体之间相互隔离，群体性的粉丝团体难以形成，自我表达和呈现的平台缺失。随着互联网时代的到来，借助互联网提供的互动平台，粉丝群体不断形成和发展，更具组织性和专业化。在这种情况下，粉丝群体不再满足于和依附于传统媒体所呈现的有限信息，向外传播的需求逐渐增强，并且有了实现的可能性。粉丝个体和群体通过各种方式参与偶像信息传播，受众由个人扩展到粉丝内部乃至更广的人群。在这种情况下，粉丝媒体得以形成，它就是粉丝个人或社群借助新媒体技术，以传播主体的身份对他人进行一对多或一对一传播活动的媒介平台。

另类媒体的色彩

从技术手段上来讲，粉丝媒体是对基于互联网的各种新媒介的"征用"。像百度贴吧已经拥有超过10万个明星贴吧，5000多万常驻的粉丝；火影忍者中文网里火影论坛注册的火影迷已经超过20万；豆瓣上"王小波门下走狗"小组聚集着

10万多名王小波的粉丝……这些由粉丝自己构建的空间,之所以成为粉丝媒体,是因为粉丝们在其间展开的属于自身的文化实践,在根本上就是借助媒介平台进行人的交往、沟通、交流、分享和传播。而从文化上看,我们可以在某种意义上借用"另类媒体"这一概念来指称粉丝媒体。

另类媒体(alternative media)这一概念来自西方国家的新闻媒介研究,它的内涵和意义随国家地域的不同、历史时期的转换而变化不定,它"不是对一种媒介的统称,而是一个松散的、富有争议性且难以统一界定的概念"①,像地下媒体(underground media)、公民媒体(citizen media)、激进媒体(radical media)、自治媒体(autonomous media)、独立媒体(independent media)、草根媒体(grassroots media)、社区媒体(community media)等称谓,都是不同语境下的另类媒体。另类媒体基本的、共同的特征,体现于如下几个具有代表性的界定中。一个是英国皇家新闻委员会从内容上认定:其一,另类出版物通常处理少数族群的意见;其二,它表达出一种与广泛接受的信仰相敌对的态度和立场;其三,它支持那些不被主流通讯社报道的观点和主题。② 另一个是提姆·欧苏利文从空间的组织形态层面的把握,认为它包含民主的/集体的生产过程和在内容/形式上的创新。③ 美国图书馆协会还出版《另类媒体出版目录》,认为当符合以下三个条件中至少一条时,媒体便可以被称为另类媒体:一是出版者是非商业的;二是主题具有鲜明的社会性或创意表达性(也可以结合两者);三是作

---

① James Hamilton. Alternative media: conceptual difficulties, critical possibilities. Journal of Communication Inquiry, 2000(4).

② Royal Commission on the Press. Periodicals and the alternative press. London: HMSO,1977:40.

③ Tim O'sullivan, John Hartley, Danny Saunders, et al. Key concepts in communication and cultural studies. London: Routledge, 1994:205.

者有资格称自己为另类作者。① 我国学者胡泳对另类媒体的形式特征的描述凸显的是与媒介形态的关联，认为"它们包括传统的媒体形式——如报纸、杂志、电视、广播，也包括非传统的形式——如论坛、博客和其他网络出版物，更具包容性的定义甚至把街头戏剧、涂鸦、行为艺术等也算在内"，同时也指出其具有"发挥社区的凝聚力，让社区成员明了自身的权利，鼓励成员参与公共生活，特别是解决社区共同关注的事情"的建设性作用。② 显然，粉丝媒体并不是上述不同语境中的任何一种另类媒体，当我们说粉丝媒体是一种另类媒体的时候，看取它们在某些方面的同构与类似。在我们这里，粉丝媒体的另类媒体色彩体现在如下几个方面：

其一是社群自主性。我们特别注意到：粉丝媒体是在粉丝社群兴起的情境中产生，是为满足粉丝群体展开积聚、交往、共享围绕偶像的一切文化实践的需要而建立，并且其本身也成为这种文化实践的构成部分。这是粉丝媒体区别于机构性的媒体、体制化的媒体的所在。

粉丝媒体的空间，如果单从粉丝的角度看，是典型的趣缘群体的集聚。如前文所述，趣缘群体，是指一群对某一特定的人、事或者物有持续兴趣爱好的人，主要借由新的媒介技术和传播手段进行信息交流、情感分享和身份认同而构建的共同体。但是，这一粉丝媒体所标识的共同体，并非超离环境而存在，而是在与其他社会空间的并置、对抗、交互、矛盾之中显示自身。

当新媒介和网络大举侵入人们生活的时候，粉丝群体本身

> 粉丝媒体所标识的共同体，并非超离环境而存在，而是在与其他社会空间的并置、对抗、交互、矛盾之中显示自身。

---

① Task Force on Alternatives in Print. Alternatives in print: an international catalog of books, pamphlets, periodicals and audiovisual materials. Chicago: Neal-Schuman Publishers, 1980: 7.

② 胡泳. 另类媒体. 商务周刊, 2009 (14).

有了更多的方式接近并且了解偶像，粉丝媒体对偶像形象的塑造，与传统媒体形成一种对抗，即对偶像的"祛魅"与对偶像的"赋魅"，粉丝媒体倾向以更加平民化的视角将偶像转化成粉丝身边的"亲人""朋友"一般的角色，从而区别于一般大众媒体对明星偶像偏重非常规话题的设置和炒作。譬如，李宇春的粉丝们2012年创办的电子杂志《LEE周刊》，曾于第六期刊出的《后冠军时代——李宇春长红之谜》一文中，第二版块专列出"媒体误区，我们重新为你解读"，指出媒体夸大了李宇春的粉丝们的力量，强调"玉米们"在七年的时间里，伴随着李宇春而不断成长。因此，可以说，粉丝媒体制作和传递信息的立足点是表达对偶像形象的崇拜、爱戴、维护之情。

这样的立足点显然带有浓烈的情感色彩，它自身无法做到客观公正，但是，在与大众媒体的应对中，往往起到矫正、平衡的作用。《北京日报》在2013年2月19日出版的报纸中刊登了名为《李云迪滑向娱乐之潭》的文章，报道李云迪非但不认真钻研琴艺，还过多地参与娱乐性、商业性节目，并且通过各种方式炒作自己。具有明显指向性的报道立刻引起了李云迪乐迷的质疑和强烈反抗。在粉丝群体中拥有较强号召力的意见领袖"跑堂小郭"发表长微博，逐条对《北京日报》的报道进行批判，并提出自己的看法和意见，要求其公开道歉。这一微博立刻得到了粉丝群体的回应，李云迪的各大粉丝媒体纷纷转发，引来大规模的网友参与讨论，范围遍及微博、天涯、豆瓣等。这件事情本身到底怎样，置身其外的人们也许难以知晓，但是，粉丝媒体发出的声音，显然冲击了大众媒体话语的独断和霸权，从整体上来讲，对健全的文化生态当有助益。

其二是对新媒介的"征用"。新媒介和新技术的发展极大地影响了人们的生活方式，也给粉丝与粉丝、粉丝与偶像、粉丝与其他人群间的关系带来了更多的可能性。

在形成粉丝社群的基础之上，尤其是在UGC（用户原创内容模式）不断发展的今天，粉丝会根据自己喜欢的偶像或者文化内容，借助视频网站、手机App和社交媒体等平台，进行相关文本的二次制作或是原创表达，向其他粉丝展示创意或传递信息，并通过评论、转发、点赞等方式互动交流。2005年的"超级女声"中，人们可能没有想到，粉丝们给自己喜欢的歌星用手机投票，在官网上投票，已经发展到今天运用微博、微信、论坛、贴吧等新媒介方式更加全面地参与到与偶像有关的文化实践中。不仅如此，在这些新媒介空间中，粉丝们可以用文字、声音、图片、电子杂志、动漫卡通、活动图像等多种手段为其偶像制作并传播各种内容。像"神风畴"这个起源于韩国偶像组合"东方神起"的粉丝媒体，在2006年建立的时候，就将传统媒体中有关的视频融入自己对于偶像的理解和故事的构思，进行二次创作，创造出偶像唯美生动、积极向上的视频形象，表达着粉丝们的心声。很多时候，粉丝媒体在有关偶像信息的时效性、信息量、展开的互动性等方面，都远远超过了传统媒体。于是，粉丝媒体在与大众媒体形成互动、互渗和互补的同时，也对大众媒体形成了挑战。在关涉所迷对象的报道和评述方面，传统媒体往往在为粉丝媒体提供话语资源的同时，也从粉丝媒体获得信息和相关背景，媒体的娱乐版上有关明星的消息，有时候就直接来自粉丝们的贴吧、论坛和微博。与此同时，粉丝们不再满足于和依附于传统媒体所呈现的有限信息，而更强烈地渴望向外界展示自身与偶像的关系，发布自身和偶像的消息。

其三是体现了参与性文化方式。粉丝媒体的空间在根本上是粉丝的活动建构起来的，而这一空间的性质取决于粉丝们在其间做些什么。由此来看粉丝媒体，我们会发现，其突出的特点便是粉丝群体的文化参与。英国学者比尔·奥斯歌伯在谈到青年亚文化与媒介的时候指出,"粉丝"与普通受众不同,他们为自己制造了独特的解释与认同,全体"粉丝"代表了一种将媒介消费体验转化为新文本制作的参与性文化,一种新的文化与新的集体因此而诞生。①

这种参与性文化,有时候体现为对大众文化的某种维度的强化与凸显。像在《爸爸去哪儿》热播的过程中,热衷于这一节目的粉丝们,自发地绘制了卡通版的爸爸形象,并迅速地在微博走红。这在客观上对节目起到了意想不到的宣传效果,同时更重要的是,通过这种参与,粉丝群体也在某种意义上删改了原节目的形态,而强化了自身的价值取向,也就是通过挪借而生产出新的意义来。这方面,曾在主流媒介热播的动漫作品《秦时明月》所引发的粉丝文化现象更为典型。"月饼"们在论坛、贴吧、社交媒体上,围绕"母本"进行了改写和再编,同人小说、古风音乐、广播剧、Cosplay 等,不一而足。这些不仅仅是形式的改造,其过程也促成了沟通与交流,而且伴随着粉丝们自身价值观的表达,譬如对传统侠义的某种不认同,对性别观念的颠覆,对角色主次的重新洗牌,等等。

这种参与有时候还体现在对主流的文化产品生产过程和相关机制的介入。美剧《迷失》开放式创作的剧集就曾纳入了"粉飞客"的点子,在粉丝论坛里曾一度流传这个荒岛余生的故事纯粹黄粱一梦,这一说法被编剧之一大卫·拉沃瑞看到,随后的剧集就出现了主角之一忽然惊醒,发现果然是个噩梦。这种介入也会由文本拓展到其他的社会层面。2017 年,电视剧《三生三世十里桃花》热播,该剧根据"唐七公子"同名小说改编,由于有网友质疑其文风脉络与小说《桃花债》高度相似,引燃了《桃花债》的粉丝们对"唐七公子""抄袭事件"

---

① Bill Osgerby. Youth media. London: Routledge, 2004: 120.

的再次热议。粉丝们的热议与对抄袭现象的谴责,引起更多网友对此前上映的多部热播剧的原IP抄袭现象的抵制,并暴露了知识产权保护方面存在的一些问题,从而引发社会对小说和电视剧知识产权予以保护的呼吁。

正是在这样的参与中,粉丝媒体在虚拟空间中构筑着社区精神,彰显自己的身份认同,如美国学者、粉丝文化研究专家亨利·詹金斯所说的那样,反映"意义与知识的合作生产、问题解决的共享,而这些全都是当人们参与网络社区时围绕共同兴趣自然而然地发生的",从而形成了"融合文化"。①

以上我们对粉丝媒体的另类色彩的描述,无非是要表明,粉丝媒体不能简单地被归类于某一种现有的媒体形式。接下来我们从空间特征和运作特点的角度对此加以阐述。

"我们的乐园"

以集体性参与行为为标志的粉丝媒体的构建,在一定程度上为粉丝的自我展现提供了一个优良的平台。粉丝在不断地参与过程中获得自我归属感和满足感,一旦作为信息来源的粉丝个体得到注目和肯定,便进一步激发了其对于这种个体参与的热情与投入感。粉丝的集体参与将断裂性的碎片信息进行自由的拼贴和组合,形成了偶像整体形象的参照。淹没在大众传媒报道内容中的个体偶像,在粉丝集体参与的信息传播中,个性化形象开始不断展现,同时也满足了粉丝对于偶像信息的大量需求,冲破了传统媒体传播内容对于粉丝接收信息的限制,偶像的形象得到了集中的描绘和凸显。

---

① 亨利·詹金斯. 融合文化:新媒体和旧媒体的冲突地带. 杜永明,译. 北京:商务印书馆,2012:6.

1. 贴吧——严密规则下的交互

百度贴吧是建立在搜索引擎技术上的一个主题性的讨论社区。贴吧的成立和发展，是粉丝群体的形成与发展的平台和基础。贴吧的主体性、互动性、草根化和传播度使其成了粉丝媒体的一个重要平台。输入偶像关键词，即可进入相应的贴吧。一般的搜索关键词即为偶像姓名，这样的设置使贴吧这一粉丝媒体平台从一开始就与偶像有着密不可分的关系。一经注册，粉丝就可以在这里查阅偶像信息、收集偶像资料甚至发表原创文字、图片和视频作品。多媒介功能的组合和展现使贴吧的信息集聚能力不断提升，贴吧成为粉丝媒体发布信息的主要平台。由此，贴吧发布的秩序性和权威性也受到了粉丝群体的关注和重视，贴吧的准入门槛和规则相应产生。

一旦进入贴吧的环境，粉丝就被视为是粉丝媒体的传播者，因此，每个贴吧的准入门槛都有所不同。但归结来看，在粉丝身份的纯粹性和对吧规的遵守上都是强调的重点。贴吧信息的发布者必须维护偶像的正面形象，服从吧主和吧规的管理。只有达到要求，才能在贴吧中参与讨论和偶像信息的传播，才被群体真正地赋予了话语权。吧规是贴吧的纲领性文件，集合贴吧会员意见共同形成。吧规的内容能够反映整个贴吧群体中参与偶像传播的粉丝群体的主导性和倾向性。往往强调发布信息的真实准确性、发布原创作品的独立性，禁止发布语言的倾向性和煽动性、禁止发布内容的商业性，等等，从一定的层面上限制了偶像信息的传播内容。凡是呈现在贴吧空间中的内容，都要符合吧规的要求。若传递的信息违反了吧规的任何一项，吧主将删除相应信息。吧主是贴吧群体中的意见领袖，是贴吧平台的管理者。吧主具有设置议程、删选"信息"、控制准入人群等权力，可以置顶重要信息、删除不利信息，对于不遵守吧规的网友有权进行封号，是贴吧平台粉丝媒体的把关者。这样的行为使得粉丝群体形成了共同的语言系统和共同的追求，体现出其特有的文化特征、精神特质，保证了粉丝群体的同一性和纯粹性。因此，贴吧以其严密的规则区别于其他的粉丝媒体平台。

百度李宇春吧精品栏目"宇闻与直播"（截屏）

2. 微博——碎片信息的聚合与传播

微博是 Web2.0 时代非常有代表性的实时信息的发布平台。微博的开放性彻底消解和打破了精英人士对于信息的垄断，突破了传统媒体对于信息的掌控，任何个体都可以通过微博平台发布信息。同时，微博的多种终端实现了发布的及时性和移动性，为保障信息传递的同步性提供了基础。微博的零门槛和便捷性使其成了粉丝媒体的重要发布渠道。

粉丝媒体分布的广泛性和传播方式的专业化在微博平台上得到了极大的体现。只要在微博中搜索与偶像姓名"相关的人"，各种由粉丝建立的以发布偶像即时或者主题性信息的组织、个人的微博就能以最迅速的方式被查找出来。这些微博无一例外地运用文字、图片或者视频的方式全方位呈现偶像的最新活动、成长历程甚至生活的各个方面。与传统媒体不同，这些信息的呈现并不拘泥于形式上的正规性，一句话、一张图片甚至一个画面抖动模糊不清的视频都可以成为微博平台上粉丝媒体发布的内容。碎片化和追求速度而形成的即时性是微博平台的显著特性。

一方面，在表达方式上，微博的多种使用终端使传播者根据自我需求选择表达工具成为可能。手机微博用户数增加明显，微博用户大规模向移动终端迁移。据2019年2月中国互联网络信息中心第43次《中国互联网络发展状况统计报告》显示，截至2018年12月，我国微博使用率为42.3%，较2017年12月上升1.4个百分点。在之前的第42次《中国互联网络发展状况统计报告》中，还专门对手机用户的微博使用情况做出了统计，发现截至2018年6月，手机微博用户为3.16亿，与2017年12月相比，半年增长率为10.2%。而粉丝媒体可以随时随地通过手机等可移动终端发布掌握的信息。新技术使传播平台和媒介形式更加多样化，传播追求同步性和即时性，粉丝媒体大大优于传统媒体对于偶像信息的报道。

另一方面，内容碎片化也是微博平台上的粉丝媒体的一个显著特征。微博为用户提供文字、图片、视频、音频等多方面的信息传递方式。在这样的设置下，粉丝媒体可以突破传统媒体对于内容严谨充实、文字恰当规范的束缚。只言片语、一段偶像现场的音频或视频就可以成为粉丝媒体的传播内容。在语言表达上，往往并不局限于逻辑性与全面性，叙述式语言是主要的文字构成，"看到哪就说到哪"是主要的表现形态。碎片性决定了即时性，通过微博平台获取偶像信息的受众仿佛"身临其境"，最大限度地全方位感受到偶像的实时信息。

3. 论坛——参与多元化议题

网络论坛又称 BBS，是拥有广泛参与者、更强互动性和较大自主性的虚拟网络空间。网络论坛的零门槛使话语权分散，任一参与个体都可以成为信息的传播者。在不同的个人经历、生活背景、兴趣爱好作用下的风格化人群在同一网络空间内传递信息，就势必造成了传播主体和信息的多元化。网络论坛这样的交往场域特点决定于参与主体的个性化和异质化。话题多元化信息汇聚成为综合性的信息广场，满足人们的不同需求。多样化观点和言论的自由表达和共享正是广场场域的重要价值，尤其是在网络促进同质化社群的广泛形成以及信息获取的个性化趋势愈演愈烈之际。公众论坛为大众自发发起话题讨论提供平台，参与者草根化决定了信息的非官方化、贴近性、多样性。毋庸置疑，网络论坛是一个相当大范围的网民原发性互动交流的平台，网民作为一个复述者，传递以个人生活和情感资本为基础的现象和问题。在网民的相互交流实践下，个人的问题能够获得共鸣或得以大规模地批判和反驳，进而成为一种引人注目的社会集体现象。如此一来，以网络论坛为平台的传播媒介得到了粉丝群体的关注。在超乎粉丝群体的更大范围的网络空间内传递偶像信息，塑造偶像的良好公众形象，是粉丝群体亟待达成的目标。各大网络论坛中粉丝媒体的传播行为作为一种解释性的资源，不断挖掘网络空间的潜在宣传和推介能力。纵观各大论坛的主体帖，点击量高的精品帖中，粉丝媒体的专帖不在少数。除了本身明星的号召力外，所有论坛帖的标题确有特色。

粉丝们通过微博、微信群、贴吧、论坛等新媒介，用文字、声音、图片、电子杂志、活动图像、视频等多种手段为其偶像制作并传播各种内容。同时，由于这些媒介平台的便捷性，粉丝们不再满足和依附于传统媒体所呈现的有限信息，而更强烈地渴望向外界展示自身与偶像的关系，发布自身和偶像的消息。于是，在多样的媒介平台上面，粉丝们依据自己进行交流互动内容的不同，构建起了属于自己的媒体空间。某种程度上来说，与其说粉丝们形成了一种"组织"，不如说他们形成了自己的"乐园"。粉丝们以自己喜欢的偶像替代血缘成为连接纽带，互相分享自己对于偶像的喜爱，共同生活在这个乐园当中。

这样的乐园虽然是构建在基于媒介技术的虚拟空间当中，但并没有同我们现实生活的空间脱轨，许多粉丝媒体同地域之间也存在很大的关联度，身份地缘性相近的粉丝更容易聚集在一起，共同运营一个粉丝媒体。地理位置的邻近让粉丝们有了更多的机会去组织和参加一些线下活动，沟通感情。在此基础之上，便会产生共同建立一个空间、吸引同地域粉丝加入以及在该地域更好地宣传偶像或者扩大该地域标签在整个偶像文化圈影响力的想法，在媒体空间和现实的生活空间当中实现联结和互动。

> 偶像文化产品是一种黏合剂，一种连接不同空间和不同人群的媒介肌理。

在这个意义上，偶像文化产品是一种黏合剂，一种连接不同空间和不同人群的媒介肌理。它与审美经济有关。德国学者格尔诺特·伯梅认为，从20世纪50年代开始，随着资本主义从满足人类需求转向开发人类欲望，"审美价值"作为一种超越人类基础生理需求的价值种类开始产生并不断发展，并导致了"审美经济"的产生。这种经济形式依赖于人们不断发展的超越生理需求的心理欲望，比如观看和被观看的欲望，它们往往在被满足后增强，而不是减弱。[①] 于是，在实用性之外，商品的审美价值也越来越受到人们的重视，文化艺术发展所带来的审美体验也被赋予了越来越多的经济意义。

---

① Gernot Böhme. Contribution to the critique of the aesthetic economy. Thesis eleven, 2003 (1).

在审美经济和审美文化的影响下，随着技术的进步、社会宽容度的提升，社会上的文化产品日趋多元、多样，涉及偶像活动的文章、图片、视频和音频等一系列文化产品。偶像文化产品往往被人们所热捧，具有庞大的消费市场和发展前景，进行偶像文化消费的用户也越来越多。尤其在近些年来，随着经济的发展，社会价值观和文化活动的多样化，加上新技术所带来的视觉、听觉等一系列便利，涉及偶像的文化生产和文化消费活动处在一个飞速增长的时期。

据中国互联网络信息中心发布的第43次《中国互联网络发展状况统计报告》显示，截至2018年12月，我国网络音乐、文学、游戏、视频、直播的用户规模分别为5.76亿、4.32亿、4.84亿、6.12亿和3.97亿。据新浪微博数据中心2019年3月15日发布的《2018微博用户发展报告》显示，微博上综艺与剧集核心兴趣用户人群超过1.3亿人，泛剧综用户总量超过3亿人；2018年话题数量5.2万个，综艺类官微账户累计近200个，累计总互动量（转、评、赞）超14 680万次，综艺类官微视频总发文量超3.5万条，视频博文量4.5万条。

偶像文化产品的兴起，为粉丝们的文化消费和文化实践活动提供了基础，粉丝们拥有了大量可以进行媒介加工的素材。同时，丰富的文化产品也可以吸引越来越多的人，使其成为粉丝。于是，过去大众媒体的生产格局无法满足粉丝们的消费需求得到满足，粉丝们对偶像文化产品的需求和体验都在不断地提升。而且，在如此多的偶像文化产品的包围之下，普通人的文化实践也在逐渐地泛粉丝化，被卷入粉丝媒体的生产过程中来。

变换的媒体空间边界

在由技术和文化编织的虚拟世界中,粉丝媒体并不是散漫在整个空间中,而是具有一定的边界特点。粉丝媒体建构了一个粉丝与偶像交互生产的空间,这个空间可能依托于一个可达到的地址,或是一个可展开活动的场所,抑或是一个特定的社区。根据不同媒介的平台特点、规则和粉丝使用特征的不同,不同的粉丝媒体空间呈现出不同的边界特点,大致可以分为"封闭的笼子""有弹性的博物馆""开放的主题公园"这三种。

当粉丝们聚集在一定空间内,对进入这个空间的其他人进行审查,外界无法直接获得社群内的空间信息时,这个空间就表现出了封闭的边界性。依托于此类平台的粉丝媒体,也就只能在这个封闭的空间进行媒体实践活动,只触及该空间内的粉丝群体,与外界的关联度极小。这类粉丝媒体往往依托于 QQ 群或者微信群等需要审核才可以进入的群聊而存在。

QQ 群是腾讯公司推出的多人聊天交流的一个公众平台,群主在创建群以后,可以邀请朋友或者有共同兴趣爱好的人到一个群聊内。除了聊天,腾讯还提供了群空间服务,在群空间中,用户可以使用群 BBS、相册、共享文件、群视频等方式进行交流。微信群的基本功能与 QQ 群相当,但是微信群的空间服务比 QQ 群要少许多,微信群会对上传其中的文件进行保留时间和大小的严格限制。粉丝们加入这两种社群需要发送申请并获得群聊管理者的审批,没有发送申请并通过审批的粉丝无法参与到粉丝的讨论和信息生产的过程中去。

存在于这类平台内的粉丝媒体,就如同处在一个封闭的笼子之中,非粉丝的普通人无法触及这部分的粉丝媒体,无法参与粉丝们的讨论，甚至都无法进行观看性行为。即使是粉丝，也需要经过审批才能进入这个空间内，才可以参与到粉丝媒体的内容生产和传播中来。此外，在这类以"群聊"为基础的粉丝媒体之中，粉丝们的文化实践活动主要进行的是人际的实时传播，难以产生大范围的传播效果，不过也往往更加具有即时性。这类粉丝媒体的内容也往往比较单一化，且往往由群聊的主要成员和管理者所运行，主要提供有关偶像的资讯，或者发布一些活动信息。而由于其封闭性，群聊的群主和管理员拥有"独裁"的权力，外界难以干涉其决定。群主和管理员可以选择是否让其他人进入这个空间，也可以将其直接移出，群成员的活动受到管理员的限制。这类粉丝媒体的形式像一个封闭的不透明的笼子，外界可以看到笼子的标签，甚至可以听到里面发出的部分"声音"，但无法参与其中。

但我们注意到，另一些粉丝媒体本身或者其所依托平台的空间边界相对来说比较模糊，没有明确的边界，不需要进入其中就可以看到它们的讨论和内容。这类粉丝媒体或其所依托的平台，虽然也会对其受众和参与其中的成员进行一些身份上的审查和确认，但并不会针对受众的身份严格限制他们观看和参与的权力。依托微博、百度贴吧和微信订阅号的粉丝媒体，比如一些动漫贴吧的吧刊，有关偶像的微博超级话题，以及由粉丝自主运营并发布偶像内容的公众号就是其中的典型代表。

无论是否经过审批和申请，粉丝们都可以进入微博超话、贴吧和微信号进行观看性的行为。百度贴吧和微博超级话题的管理者拥有禁止用户发言、删除用户帖子等权力，但他们无权阻止用户的观看行为，相对QQ群和微信群中的粉丝媒体更开放，取得授权的粉丝可以在这里直接进行文化实践活动。这些粉丝媒体还有时会发起话题，类似于博物馆举办活动，供粉丝们讨论。

对这类粉丝媒体的文化行为来说,无论是粉丝还是非粉丝都有观看和参与的权力,凡是在平台进行过注册的用户都可以发布内容,都可以转发、评论和点赞他人发布的内容。于是,这类粉丝媒体的内容虽然大多是由粉丝们参与构成的,但也会被非粉丝的普通人们的活动所影响,粉丝与非粉丝的界限在这里是模糊的。这类粉丝媒体虽然也存在管理者的角色,但这些管理者的权力是相对弱小的。由于边界的半开放性,管理者最多拥有禁止用户发言的权力,并不能把用户移出空间。并且,如果用户觉得自己受到了管理者的不公正对待,还可以向平台的运营商进行申诉,撤销自己受到的惩处,甚至直接撤销管理者的管理权限。

总的来说,这类粉丝媒体的边界是具有弹性和半开放性的。类似于博物馆,任何人都拥有去观看的权力,但并不是所有人都可以参与到产品的制作和生产环境中去,只有取得授权的人才拥有这些权力。

还有一些粉丝媒体所依托的平台和技术也往往具有普遍的接近性,任何人都可以进入这些空间之中。于是,这类粉丝媒体的边界也是被消弭的。用户不仅可以不受限制地进行观看行为,也可以随意地展开互动,类似于一个开放式的主题公园,用户们可以随时进出,也可以自己进行文化生产。

哔哩哔哩个人空间和音乐类 App 则是其中较为典型的代表。哔哩哔哩是一家国内知名的弹幕视频分享网站,具有亚文化社区的特征和性质,具有相当多的粉丝文化的研究样本。在哔哩哔哩网站上,每一个用户都可以申请拥有一个个人空间,并在空间内上传视频,发布动态(通常是文字、图片或者是链接的组合形式),形成与其他用户的互动。而在音乐类 App 上面,粉丝们常常会创建自己喜欢的偶像的歌单并进行分享。歌单和歌曲底下有评论区,粉丝们常常会通过评论的形式进行互动。

这两类粉丝媒体的审核主要由平台官方进行,并不存在吧主和群主这样的角色,任何人都可以进入这类粉丝媒体的空间内并展开互动行为,违规者会由平台直接处罚。在不违反平台规则的前提下,粉丝和非粉丝都可以自由地参与到这类粉丝媒体的文化生产和消费的实践中去,区分参与者的粉丝性和非粉丝性的边界量尺荡然无存,只能通过参与者的言语来判断其身份。在这类粉丝媒体内,我们几乎无法发现"专制"的影子,管理者的角色由平台承担。不过,这类粉丝媒体的边界虽然是开放的,但不是毫无边界。就像公园一样,它存在于某个平台之中,可以自由进出,但必须先达到此地。

粉丝媒体的边界特点主要是由其所依托的平台的技术特点和粉丝的活动产生的。粉丝的边界会对粉丝与非粉丝的界限、内部的粉丝文化实践行为、权力运作和与外界的联系造成影响。这种边界的不同,导致了粉丝媒体的运作、用途的区别,也导致了粉丝和非粉丝们文化实践活动的差异。

> 粉丝媒体的边界特点主要是由其所依托的平台的技术特点和粉丝的活动产生的。

媒介实践的矛盾和张力

粉丝媒体作为粉丝群体媒介实践的空间,意味着它不仅是一个容纳活动的空间,而且是被粉丝的媒介实践生产出来的空间,有其自身运作特点和内在逻辑,表现出在一系列的矛盾运动之中不断谋求平衡的张力。

首先是情感与理性和智慧的矛盾。在一般的媒体生产行为当中,媒体信息的生产者可能出于对金钱的需求,或者是出于社会责任感,粉丝们却不是如此,粉丝们进行媒体活动的驱动力是自己内心对偶像的强烈热爱之情;因为这种热情的驱使,粉丝的行为往往显得不计代价、不顾一切，在局外人看来毫无理性。因此，偶像和粉丝文化本身就是极具情感性的活动，粉丝媒体制作和传递信息的立足点本身也是表达对偶像形象的崇拜、爱戴、维护等各类情感。

粉丝媒体的内容生产者为粉丝本身。粉丝们充分发挥自己的主观能动性，进行创造性表达，生产出与偶像相关的文化产品，并进行传播。除了具有粉丝身份以外，粉丝们往往也各具特点。在粉丝们的生产作品中，我们往往能发现粉丝自我意识和自身价值取向的凸显。漫画和文学爱好者喜欢用自己喜欢的作品中特定的人物来进行再创作，他们再创作的内容往往与原作无关，将人物置于虚拟的场景当中，或者和其他作品的元素相结合，用以满足自己内心对于情节发展的希望。影视剧作品和明星的粉丝，也往往热衷于制作这些明星们的 Q 版形象，这些 Q 版形象往往会强化创作者的主观倾向，体现创作者的情感和价值取向。

作为一个团体，粉丝们的行为也会体现出集体特点。詹金斯曾引征法国赛博空间理论家列维的"集体智慧"（collective intelligence）概念来解释网络社区中粉丝群体的行为特点，认为在互联网上人们会利用各自的专业知识来实现共同的目标，重构了原有的社会交往的模式和结构，诞生了新型的社群模式。这些社群以自愿、临时、策略性的从属关系为标志，通过共享知识和情感投入得到加固，并由合作生产和交换知识而结合在一起。① 拿 SNH48 的应援群来说，每一个偶像都有自己的粉丝群。在群里，粉丝们讨论与偶像相关的各种内容，并积极参与网络上的应援活动。粉丝们往往有着自己个性化的技能和

---

① Henry Jenkins. The cultural logic of media convergence. International journal of cultural studies，2004（1）.

特点，有的擅长绘画，有的擅长摄影，有的擅长文案写作。在粉头的领导下，结合粉丝的自主性，应援群往往会根据为偶像应援的需要，设立一些特殊的组织。有着许多空闲时间，热情饱满，并且对投票和网站熟悉的粉丝会被划分到打投组，在网络比赛中为自己的偶像投票；擅长文案、美工和摄影等技能的粉丝会被划分到美工组，为偶像的应援活动设计宣传作品；有一些活动策划经历，或者思想活跃的粉丝会被分到策划组……应援群的核心团队往往分工明确，运用各自的技能特点，为偶像的运营合理分工。

因此我们看到，在情感的驱动之下，粉丝们通过自己的集体智慧，将"情感"和"智慧"相融合，使得粉丝媒体可以成功运作。

其次是"民主"与"专制"的冲突。在粉丝媒体所建构的粉丝生活空间中，粉丝们并不是处在一种绝对平等的状态，粉丝媒体所建构的空间更类似于一种"专制"的小王国。根据对偶像贡献程度的不同，比如付出的金钱、时间、技术、技能等物质和精神代价的多少，粉丝们会拥有不同的身份地位，也就拥有了不同的话语权。

粉丝大致的身份被划分为三种：粉头、大粉和普通粉丝。粉头一般是粉丝团体中最具有影响力的一部分粉丝，也通常是应援群的群主或者是贴吧的吧主，拥有一定的权力。大粉是粉丝群体当中具有一定影响力的粉丝，但比粉头的影响力要弱，通常是应援群的管理员、贴吧的小吧主或是微博超级话题的小主持人。普通粉丝则是粉丝群体中的普通成员，一般在粉丝媒体中不具有管理类的职务。

国内最大的 STEAM 游戏平台讨论社群之一（截屏）

拿QQ群举例来说，群主是这个群体的粉头，管理员是大粉，普通群员则和普通粉丝相对应。群主拥有设置管理员、转让群、修改群资料的权限，群主和管理员都拥有屏蔽普通群成员会话、将群成员移除群聊和管理群空间（文件、信息）的权力。普通成员根据活跃度也会分为三六九等，那些经常说话、分享自己作品、更愿意投钱的成员往往会获得比其他成员更高级的地位，发生矛盾冲突时，也自然拥有更大的话语权。群主和管理员拥有决定成员是否可以入群的权力，也可以随时将群成员移出群组，非群组成员没办法看到群组的聊天等信息。另外，根据活跃度，群成员的前缀（称号）也不同，这也是等级区分的一个象征。除了闲聊，QQ群里的成员还会分享图片、视频、文章等。群主和管理员还会举办线上、线下活动。在粉丝媒体中，虽然没有绝对的利益纠葛和明确的权力因素，但这个社群同样具有极强的专制色彩。

不同种类的粉丝媒体都会存在这样大致相同的粉丝"等级"划分，不过在不同种类的粉丝媒体内粉丝等级所代表的权力特点是不同的。粉丝媒体的边界越开放，往来其中的用户的流动性越强，其专制性就越弱。

值得一提的是，通过访谈发现，许多粉丝对于这种权力结构的存在是持反对态度的。这种权力结构的存在导致粉头和大粉拥有了更强的存在感，甚至有可能架空偶像的地位，导致了多个"个人神话"的存在与冲突。由于拥有一定的权力地位，粉头和大粉的话语在整个粉丝媒体中拥有一定的影响力，但他们的话语并不一定是理智和正确的，可能会导致整个粉丝群体的动荡与争论。

最后是"斗争"与"合作"的关系处理。作为一种媒体形式，粉丝媒体首先是粉丝们展示创意、展示情感等信息的工具，具有极强的信息性和可传播性。粉丝们通过对于新媒介平

> 粉丝媒体的边界越开放，往来其中的用户的流动性越强，其专制性就越弱。

台的征用，传达涉及偶像的信息，表达自己对于偶像的喜爱，满足自己的参与式心理。

　　除此以外，粉丝媒体还会被粉丝们用作"斗争"与"合作"的工具，这首先体现在粉丝媒体之间的关系上面。不同偶像的粉丝之间往往会因为偶像间的关系或者是利益的纠葛而存在对立、合作和中立这三种状态，偶像和粉丝团体的关系状态会导致粉丝媒体立场的不同。相同立场的粉丝媒体会进行合作，共同宣传和维护彼此的偶像；不同立场的粉丝媒体则可能会互相斗争，发布一些对方偶像和粉丝的负面信息。这种斗争与合作还体现在粉丝媒体和大众媒体的关系上。粉丝媒体所具有的情感性和不理智在某种程度上会对"客观、中立"的大众媒体形成补充和矫正。大众媒体可能会单独从某一事件来进行报道，对偶像文化没有深入的了解，导致以偏概全的情况产生，而粉丝媒体的内容则可以对其进行补充和矫正。

　　另外，粉丝媒体在有关偶像信息的时效性、信息量、展开的互动等方面，都远远超过了传统媒体。粉丝们人数众多，时间充足，可以更直接、快速地接触到偶像文化产品。一旦有涉及偶像的文化产品产生，粉丝们便会自发主动且迅速地进行分享和交流等传播活动，粉丝们对于偶像信息所做出的反应速度经常快于大众媒体的反应速度。偶像一旦发了一条微博，立马就有粉丝进行评论、点赞和转发。在这些方面，粉丝媒体具有超越传统媒体的优势。粉丝媒体也经常会借助一些主流价值观或者主流事件来实现内容传播，比如借助爱国主义情怀、公益事件和一些主流媒体所报道的文章，让自己生产的内容有更好的传播效果。

　　总的来说，粉丝媒体是随着粉丝们传递信息和表达情感的需要而产生的，也因此具有了较强烈的感情色彩和立场倾向。

也正因如此，粉丝媒体之间、粉丝媒体和其他媒体之间也形成了不同的关系状态，会处于"斗争"与"合作"之中。

技术的便捷、人们生活方式的改变以及审美经济影响力的增强，导致涉及偶像和粉丝文化的文本和行为在现代社会中不断兴起。而由于互联网空间对于时空的淡化，社会关系在一定程度上被重塑，跨越时空的群体聚集越来越普遍，生活在网络社群空间和平台中的人群也不断增加。粉丝媒体作为粉丝文化的一种表现形式，产生于新媒介新技术所建构的赛博空间，得益于偶像文化产品的兴起，体现了粉丝们情感表达的需求。由于参与途径的增加，粉丝们并不满足于仅仅接受关于偶像的讯息。他们会通过对新媒介的征用，自主创造文化产品并进行分享交流，对其他类型的媒体内容形成补充。

粉丝媒体本身虽然不具有突出的商业特点，但粉丝媒体所依托的偶像文化却具有强烈的商业色彩。粉丝媒体具有极强的情感特征，这也将粉丝媒体同另类媒体区隔开来。粉丝媒体在关注受众的同时又不被受众所主导，而是集中在对于偶像文化的呈现。粉丝媒体的建立并不是为了关注和传播某些涉及社会公共利益的话题，也不是为了通过风格和特征来吸引受众。在数字技术的驱动下，粉丝对于偶像文本的生产和消费活动由被动接受变成主动参与，又进一步希望获得更多的传播和表达的权利，通过参与到偶像文化产品的生产和输出的层面来实现自己参与到世界和社会生活中的需求。

媒体本身是为了满足人们传播活动的需要而产生的，技术的变迁以及人们社会交往和关系的改变将会孕育出不同的媒体形式。随着媒介技术的发展，由于互联网的超文本性和低成本，媒介运行的经济驱动力发生了变化、文化生产和媒体信息的生产发生了变革。粉丝媒体的出现和发展有可能预示着赛博空间中新型社交关系和生活方式之下媒体形式的变革，导致大众传播主体的变迁和传播形式多样化的可能性。以社会公共利益和受众需求为主要驱动力的媒体虽然在未来社会或许仍将占据主导地位,但以粉丝媒体为代表的这些情感、参与和体验导向型的媒体也将逐步发展壮大。

在这里,火影迷们"抛弃了理性的、契约式的社会关系,而转向一种有感情融入的社交形式",粉丝社群的秩序就在此间形成,社群的凝聚力也因此而强化。

火影迷的忍者世界

在网络中，动漫迷对动漫作品重构的平台主要有论坛与百度贴吧。国内的综合性动漫论坛数量众多，天使动漫论坛、动漫花园和极影动漫论坛都是成立较早、人气也较高的论坛。综合性动漫论坛内涵盖的动漫类型众多，版块设置复杂，动漫迷喜爱的动漫作品非常丰富。但是具体到某一动漫作品的版块，论坛内活跃的粉丝相对来说较少，互动交流也相对有限。百度贴吧的出现弥补了这一不足。就像每一个明星都有其粉丝为之建一个专属的贴吧一样，每一种动漫的粉丝都可以建一个专属的动漫贴吧，作为一种专属的粉丝媒体。"火影忍者吧"就是其中规模和影响都非常大的贴吧。

《火影忍者》壁纸

《火影忍者》是日本漫画家岸本齐史的代表作，作品于1999年开始在《周刊少年JUMP》上连载，于2014年11月10日发售的《周刊少年JUMP》第50号完结。故事作品设定在一个忍者的世界，故事从主人公漩涡鸣人的孤儿生活开始，他的父母为了保护村子,将攻击村子的九尾妖狐封印到了他体内,鸣人因此受尽了村人的冷落,为了让更多的人认可自己,鸣人的目标是成为火影。整个故事就围绕鸣人的奋斗、成长,鸣人的同伴们的故事,以及这个忍者世界的各种阴谋和争斗展开。该动漫在我国传播时间很长,拥有庞大的粉丝群和持续的影响力。《火影忍者》的粉丝们有自己专门的动漫论坛"火影忍者中文网",但互动更频繁、人气更旺的是"火影忍者吧"。"火影忍者吧"创建于2003年,是以《火影忍者》为主要话题,为动漫迷提供动漫资源分享、话题讨论以及互动的平台。2014年年底时,这个吧有300.75万人关注,发帖数达2.06亿条;原创停止更新之后,这个贴吧依然保持很高的关注度,最近(2020年4月)的关注人数已达740.08万人,发帖数达2.46亿条。因此,我们将其视为粉丝媒体的一个典型个案,考察在这个粉丝自己打造和维护的空间里,如何展开他们的文化实践。

可供性·存在感·专属空间

美国生态心理学家詹姆斯·吉布森在研究生物与环境的关系时提出了"可供性"概念,用以描述生命在环境中的存在表现为对环境的占有和使用,即"生态位"(niche),"一个生态位就是一组可供性"[①]。可供性概念在不同领域得到不同的发挥和使用,具有本体论、情境论、认识论、契合论等多个面向的阐释。相比较而言,传播学领域对可供性概念的使用较多地偏向于对媒介技术(物件)属性的揭示或阐释,比如,提出这

---

① James Jerome Gibson. The ecological approach to visual perception. New York: Taylor & Francis Group, 1986: 128.

样的问题:"为什么某些物质的可供性,而非其他物质的可供性,演化成为了媒介。"① 对火影忍者吧的观察,我们能够看到,火影迷们如何开掘新媒介技术可供性,建构虚拟世界中自身存在的媒体空间。

在其最完备的时期,火影忍者吧的发展遵循了国内论坛发展的固有模式,从简单的话题讨论发展到拥有资源整合、日语翻译组以及视频组,并逐渐细分每个板块的功能架构。其设有39人的吧务团队,其中有吧主3人,小吧主16人。吧务团队由木叶编辑部、火吧视频组、火吧分析组和火吧YY语音组组成。木叶编辑部出版有文字图片版吧内刊物;火吧视频组制作的"火之映像"刊物,融合了视频、图片与文字;火吧分析组编写对漫画剧情分析的文本,火吧文协发表同人文;火吧YY语音组利用YY语音建立的火吧电台组,其频道是3661。

当各种新兴社交媒体层出不穷,百度贴吧社区为了生存发展,也开始进行自身的升级优化,融合各种新兴的社交软件功能,倡导各大贴吧开通官方微博,开发推广百度客户端,推出开发"i贴吧"等。作为百度贴吧中典型的传统圈式社群,也进行了自身的优化升级,融合了社交网络的优势,设立了官方微博,粉丝数达到了400多万人,形成了一个更加开放、无差别的链式网络结构。链式网络结构与传统圈式社群相比,具有更多的优势。首先,它以个体为中心,新媒体技术使得网络使用者发布信息的平台更加多样,这种结构中的社群关系也更加灵活。其次,在这种结构中,社群关系被分解为一对一的关系,人际传播成了主流,社群意识变得分散。最后,这种结构中的成员需求也提升到了更高的层次,从需要社群的归属感提

---

① 克劳斯·布鲁恩·延森.媒介融合:网络传播、大众传播和人际传播的三重维度.刘君,译.上海:复旦大学出版社,2012:82.

升为需要获得社会威望。

在这样的情况下，百度贴吧逐渐演变为链式网络结构，一方面是因为自身的优化升级，另一方面是因为使用者本身更高的要求。随着网络空间的不断发展与进步，单一的传统的圈式社群难以满足动漫迷的重构要求。譬如，在火影忍者贴吧中，火影迷的互赠行为正在发生着变化，当某位火影迷的创作文本引起了其他火影迷的强烈关注时，其他火影迷演变为该作者的粉丝，希望进一步与其沟通交流，二者可能会借助社交工具进行联络，进而成为现实中的朋友。

因此，链式网络结构的火影忍者吧给火影迷提供了更加多样化的心理和脑力游戏的空间，让火影迷可以借此进行自我解构与建构，表达另一个自我，参与许多想象力联合编织的丰富幻想。尽管如此，由于火影忍者吧官方微博和其他社交媒体的链接延伸，都是由百度贴吧的版块为"大本营"的，所以，我们考察的重点放在百度贴吧空间。

> 链式网络结构的火影忍者吧给火影迷提供了更加多样化的心理和脑力游戏的空间。

火影忍者吧分为看帖、精品、图片、视频、玩乐和群组等大版块，大版块下面又有子版块，共同构成贴吧的体系。火影忍者吧目前是火影忍者相关论坛中人气最高的，其设置的主要版块的功能是：看帖区在贴吧中的活跃度最高。火影迷在这一版块可以随时浏览到贴吧中新发的帖子。火影迷在贴吧中发表的帖子包含了火影忍者动漫的各个方面以及延伸话题。关于火影的任何信息都可以在这一版块中进行交流与讨论。最新回复的帖子会被即时顶到页面最顶端，方便动漫迷参与交流。精品区是贴吧的核心版块。精品区分为火影办公、火吧活动、火影单行、火影连载、火之木叶、火影分析、火影图文和火的茶楼等几个子版块。可以说，精品区是火影迷对火影重构的作品的资源区，贴吧中火影迷对火影的二次创作的文本都集中在这一版块。图片区是火影忍者贴吧设立的一个对火影相关图像的分类合集，分为吧友吧务、头像签名、周边文化、精彩截图、原画、角色以及桌面壁纸。视频区分为动画原音和火迷原创，动画原音主要将火影迷最喜爱、点击率最高的集数评选出来。火

火影忍者吧中的活动帖（截屏）

影迷原创的种类则比较多，有恶搞、同人MV、声优翻唱等，是动漫迷进行重构的视频文本的合集。

火影忍者贴吧的各个版块之间相互独立，各司其职，但又很好地结合起来，有资源发布区、原创发布区以及吧务反馈区，总体来看是一个涉及范围全面且管理成熟的动漫资源交流平台，方便火影迷进行资源搜索以及交流互动。

随着新媒体技术的发展，音视频的剪辑制作也越发便利快捷，从以往的为少数专业人士所掌握变成了普通大众也能学习并使用。火吧视频组主要负责为配合相关宣传，以火影动画为基础剪辑制作原创视频。火吧配音部的成员需要很强的专业性，在加入吧务团队时经过严格的筛选，很多成员本身是日语专业或者自学日语达到专业水平，他们直接同步翻译动画或者根据原创剧本，为视频配上日语配音。在当今时代，动漫迷与以往专注于文字的动漫迷不同，他们更倾向"技术宅"，借助现代工具，将动漫视频重新剪辑制作，重新拼接，剧情重组，重新配音，编辑制作成自导自演的充满个人风格的《火影忍者》。

火影忍者吧中YY3661火迷之声动漫电台，是火影忍者吧唯一的官方电台，是由一群热爱电台、热爱火影、热爱动漫的火影迷自行组织的娱乐性活动团队。YY语音是由欢聚时代公司开发的一个即时语音聊天通信软件。火影迷借助YY语音，为火影这部动漫作品的重构交流提供了一种新的方式。电台的部门主要有主播部、导播部、策划部、传媒部、字幕部和节目组构成。火迷之声的节目主要分为两种，一是专题档：由策划团队带领其他部门策划并举办的火影相关人物专题活动，大约每月举办一次大型活动，比如在动漫主角鸣人生日时的庆贺活动"鸣人双十庆生会，火迷天下不夜歌"，THE LAST衍生活动"鸣雏婚礼"等。二是日常档：周六周日播出，主要分为五大类、点歌、话题、最聊、情感、音推，每档节目约 1 小时，电台主播会带领火影迷分享火影相关的故事、人物和音乐。

　　火影迷不满足于只在论坛贴吧零散地发布自己的文本，也借鉴了传统媒体的运营模式，设置专门的组织机构来编写整理动漫迷的原创文本，在论坛网站中进行展示。火影忍者贴吧中的编辑部主要负责编辑吧内刊物，内容涵盖了动漫迷创作的平面作品、同人文以及动漫影评等。每期吧刊都会介绍火影中的一个人物，原创文字书写的人物故事，并配上人物图片与歌曲。

　　我们可以看到，火影忍者吧实际上融合了多种媒体形式，形成了基于互联网的多媒介、跨媒介的融合媒体空间。这样的空间并非外在于火影迷主体，而是在他们的实践中生成的属于他们自身、展示他们存在的专属空间。在这个空间里，火影迷们再构了火影的世界。

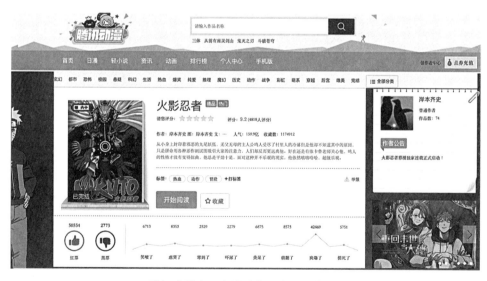

腾讯动漫之《火影忍者》主页（截屏）

再构的火影世界

　　动漫粉丝有着相同的对动漫文本的阐释方法、审美标准和符号构建意义,而这些都是建立在他们对同一部动漫的兴趣基础之上。他们之所以聚集在百度贴吧这样的一个交流平台中,是因为他们共同享有一个核心文本,并围绕这个核心文本形成了具有特色的阐释方法、审美标准和符号创建,也因此丰富拓展了母文本的意义,再构了属于粉丝们心目中应有的文本空间,作为他们心灵栖居的世界。

　　比如,动漫粉丝的 Cosplay 行为,就是一种动漫迷的角色扮演行为。Cosplay 的概念与动漫粉丝文本的二次创作有逻辑上的共通处,虽然与一般的创作有所不同,但都是将自我喜好之对象角色经过消化分析过后,再将自我心目中的形象具体呈现出来。由于每个人对于对象角色认知与接受度不同,在呈现的方式上,也会产生差异性和不同的自我风格。Cosplay 就如同同人志一样,都是出自阅读文本之后,产生对文本或者文本中角色的认同,而产生的热情表现,因 Cosplay 的过程中,动漫粉丝们在认真的揣摩与诠释中获得满足,并且从拍照与同好之间彼此的互相交流中获得更多的经验。在本质上,透过绘制、手制、多媒体的方式所进行创作的同人志与利用服装、彩妆与道具来模仿作品中人物的 Cosplay,除了表现热情的形式不同之外,两者的概念都是相同的。

　　动漫迷持续不断的书写行为来自对原动漫作品的热爱。动漫迷在阅读原文本后,透过补遗、颠覆、撷取与复制、挪用与拼凑等方式来进行二次创作的书写。动漫迷的二次书写正是在意义共享下进行的行为。经由各种形式的二次创作,使迷与迷之间产生了共同点,也吸引了更多的迷对文本的喜爱。然而火影忍者的迷文化的成形并不止于此，它的成形是由于高度涉入的迷所表达热情与情感之实践的创作行为而产生。因此可以理解，当迷在评述文本时，当中所产生的想法，形成生产的动机，文本被转化成为文化资源。可以说，现在火影忍者的贴吧已经具有了迷群经过衍生文本的共享而产生文化的意涵与符号的价值。动漫文本吸引读者，读者演变为动漫迷，最后成为高度摄入的动漫迷，借由书写同人文与Cosplay这类高度摄入的实践行为，反映出迷群对文本由被动接受者转变为具有主动性的创作者，也代表了迷与文本结合的共享价值。

文本的读者在成为迷的过程中，因聚集而形成的社群，共同受到文本所吸引的社群，在资讯互相流通的过程中，再加上创意发想形式的讨论过程，形成了共同创作的行为。在创作的过程中，迷所投入的情感与热情并非与一般迷对于原作所受到的感受相同。当迷越来越多时，从事创作的行为也越来越多，并且会产生交互式的互动形式，迷与迷形成合作的形式，甚至竞争的形式。以这样集体创作的方式与文本所结合之后，即是火影忍者贴吧中的原创作品。

1. 同人志

同人志原本指的是一群有着相同兴趣的人，共同创作自己的文艺著作，这些著作就是同人志。在动漫文化中，只要是志同道合的动漫同人，将各自的作品结集成册，不由商业出版社出版发行，而是自己掏腰包印刷，在同好间流通，均可称为同人志。除了创作同人小说、同人志外，还有不少动漫迷制作有关动漫的音乐电视和歌曲。同人志发展至今，按照预设的读者不同，主要可分为三个大方向：一是一般向，也就是没有特别预设读者是男性或女性，若有爱情描写，也多半是描写男性与女性之间的恋爱。二是女性向，也就是预设的读者是女性，若有恋爱的情节,则有 BL（Boy's love）、女性后宫向和 GL（Girl's love）这三类。三是男性向,也就是预设的读者为男性,男性向的作品的主角以美少女为主,且女性角色多美丽可爱或身材姣好。

火影忍者吧中的火影迷重构的同人作品包括同人文和同人图。因为《火影忍者》动漫本身男性角色较多,虽然作为热血少年漫画,但是因为画风精美的主角们,还是吸引到了不少女性动漫迷。火影忍者吧中的精品区的同人文数量很多,根据笔者统计,主要包括情感类和剧情类。剧情类的因为战斗情节描写较多,因此深受男性火影迷追捧。而情感类的主要创作者则为女性,主要情感走向为"鸣人和佐助""佐助和鼬""鸣人和雏田""佐助和小樱"等。而且 BL 类型的同人文明显更受女性火影迷的喜爱。在火影忍者吧中,有一篇叫作《火影之忍界传奇》的同人连载小说,这篇同人文由"大爱凡人"写作,是一篇以统揽的视角描写火影世界的剧情类同人文。从 2011 年 10 月连载至 2014 年年底,该帖子共有 2 267 页,获得了 75 262 条回复,点击率和回复都居高不下,获得了火影迷的一致肯定。由于作者个人原因,2012 年年底停止更新同人文,许多火影迷纷纷在帖子中留言,表示希望作者继续更新文章,期待作者的回归。最终在火影迷的强烈要求下,2014 年年初,作者开始继续更新这篇小说,并表示一定给坚持追文的火影迷一个圆满的结局。

2. 同人音视频

新媒体时代来临,凭借虚拟现实技术,火影迷对动漫作品的书写产生了新的类型,开始出现了以影像为主的对动漫的二次创作的文本,称为 MAD。MAD 通常指在动漫作品中,以原作为基础剪辑而成的音视频作品。一般作品为一段有关的影片剪辑，配以作者喜欢的音乐，近似同人 MV 形式的存在。不同的地方是 MAD 片的重点在于影片，向有关动画或电玩致敬，而同人 MV 的重点则放在音乐上。有一些是只做声音的剪辑或只有画面的剪辑亦可算作 MAD。为适应网络媒体的高速发展，具有浅白叙事结构及强烈声光效果的视频影像较符合"快餐式"的观看需求。视频影像被大量复制与挪用，创造出一个虚拟的真实。

动漫迷的自制 MAD 主要是以《火影忍者》动漫的原始画面经过专业的剪辑加以自己的理解制作而成的视频，表现了动漫迷对动漫作品有了自己独特的理解；视频原创配音是动漫迷将原始的动画去掉声音，加上自己的配音形成的视频；歌曲翻唱是喜爱动漫并掌握日语的动漫迷演唱的动漫歌曲。比如，由小柔制作的《晓》的原创视频，这位叫"小柔"的火影迷在帖子中表示，因为喜欢火影中"晓"这个组织，他根据自己的理解精选了火影忍者的动画中的 300 多个片段，配上音乐，剪辑制作了 9 分钟的 MAD，表达了自己对"晓"组织的热爱，这个视频深受贴吧中的火影迷好评，获得了 1 000 多条回复。

3. 同人游戏

在动漫文化中，个人或团队创作的已经不仅是文本作品，若是和游戏电玩相关，则叫作同人游戏。但是同人游戏和正规公司出品的游戏相区别的一点是，它没有商业性，只是动漫爱好者的自发行为。随着新媒体技术的进步，动漫迷的重构范围也在不断扩大，其重构范围也延伸到游戏领域，同人游戏就是对同人志的延伸与发展，它的专业性要求更强，因此需要具有一定专业计算机水平的动漫迷才可以进行创作。

火影忍者吧中就有一个叫作"热血火影官方"的火影迷制作了一个同人游戏，这个火影迷组建了一个因喜爱火影而聚集在一起的团队，他们团队齐心协力共同完成制作一个以火影人物为主角，火影剧情为主线的游戏。他发帖记录了和团队设计游戏的全过程，并且在帖子中征求贴吧中的火影迷对游戏的意见，得到火影迷的热烈回应。

  这些不同类型的文本生产，在根本上不是以文本的产出为目的，而是以互动和交往的达成为目的的。也就是说，这些文本在表明很强的生产性的同时，更加突出的是其参与性功能。在火影忍者吧中，火影迷可以进行实时交流，阅读观看文本和发表意见。在《火影忍者》这部动漫刚刚传入国内动漫迷中的时候，火影迷的参与性表现为追看连载动漫或者漫画，并在贴吧中进行相关话题的讨论研究。而随着网络媒体的融合发展，通过电脑以及相关的工具，粉丝们就可以即时进行创作并在论坛中发表，因此读者和作者的界限已经模糊，来自不同职业、专业的迷群都可以进行创作生产。《火影忍者》作为一部知名的动漫作品，它的粉丝创作的二级文本也不胜枚举。比如，木叶编辑部推出的第29期吧刊——《木叶耀眼的光之漩涡鸣人》。在这期吧刊中，分为鸣人简介、叶之轨迹、热情涂鸦、漫迷研究所、暗杀计划、EG同人堂、七嘴八舌和小编故事这八个部分对主角鸣人进行了全方位的分析，以火影动漫为蓝本创造出属于自己的二级文本。这期吧刊获得了2 000多条回复，显示出火影迷的重构在贴吧中人气极高。

  百度贴吧中互动性最强的帖子就是直播贴，贴吧使用者在贴吧中发表一篇即时更新的帖子，一般是自己正在经历或参与的事件或活动，通过第一视角来展现该事件或活动的全过程，其他使用者通过阅读帖子参与互动，得到亲身参与该事件或活动的感受。直播贴的类型有很多，图文直播贴是使用照片文字的形式记录事件的帖子；影视动漫直播贴是给不能及时观看作品的粉丝同步用贴图的方式讲述故事的情节发展的帖子。在火影忍者吧中，经常看到诸如此类的直播贴，比如，有一个叫

"埋香人在恶人谷"的火影迷发表的一篇叫作《一只火影迷在日本的日常》的直播贴，图文并茂地记录了自己在日本旅游的见闻，因为动漫迷都喜欢动漫，自然对日本文化也颇有好感，因此这篇帖子人气较高，获得了336条回复，其他火影迷对他在日本的生活表现出极大的兴趣。

在火影忍者吧同步发表自己写作的同人文的直播贴，作者一边写作一边将文章发表在贴吧中，其他的火影迷会跟帖予以反馈，作者会根据其意见修改文章的内容及走向。这种从讨论到创作，继而再讨论再回到创作的深度互动，形成了火影迷的重构模式，也必须建立在百度贴吧这种封闭性上。有一个叫"小白大变身"的火影迷在2014年12月6日发表了一篇名为《希望大家支持我，做一个火影完结纪念的作品》的帖子，在帖子中，她说明自己为了纪念火影完结，创作了一首关于火影的原创歌曲，希望可以在贴吧中征集会剪辑视频的火影迷，共同制作一部纪念火影完结的MV。该帖一经发出就引起了强烈反响，获得了1 544条回复，其创作的歌曲也获得了贴吧中火影迷的认可，火影迷更对该火影迷提出了在歌曲中加入一些动漫台词的建议，火吧视频组参与共同制作该MV。最终，这部MV在贴吧中火影迷的讨论参与创作下得以完成。

符号·象征·仪式

火影忍者吧中的火影迷在贴吧中的交流会使用与动漫作品相关的特定语言，从而得到满足的体验。这种通过语言的使用带来的满足感，在粉丝们进行二次创作时更是大为扩张，并且弥散到所有的粉丝活动中。因此，使用来自动漫作品的语言，不仅使粉丝们与一般的动漫作品接收者区别开来，而且与充满象征意味和仪式感的粉丝文化活动紧密联系在一起，形成布尔

> 使用来自动漫作品的语言，不仅使粉丝们与一般的动漫作品接收者区别开来，而且与充满象征意味和仪式感的粉丝文化活动紧密联系在一起。

迪厄所说的"惯习"——"持久的、可转换的潜在行为倾向系统……作为实践活动和表象的生成和组织原则起作用"①。

首先是运用与动漫原作相关的语言形成火影忍者吧的标识。例如,发帖需要遵循火影忍者吧的发帖格式,否则管理员不会通过审核。在火影忍者吧中,在贴吧中发帖讨论的动漫迷统称自己为火影迷,贴吧中的会员被称为忍者;贴吧成员的发帖经验与资历被换算为在贴吧中的等级,等级命名则分为上忍、中忍与下忍,赋予相应的头衔与经验值。吧主自称火吧村长。一切的称谓与语言使用方式都尽量与动漫中的语言、场景、人物相靠拢,营造出属于火影迷的贴吧文化。

其次是运用与动漫相关的个人符号表达粉丝个体的喜爱之情和个性偏好。在贴吧中的用户名、头像、签名档以及个人主页,一系列的个人符号也会直接套用或者借鉴《火影忍者》中的元素。这些不仅表示了自己是该动漫的粉丝,也用其选取的动漫人物或者其经典台词彰显了自己对动漫的品位。比如火影

火影迷的个人签名档

① 布迪厄.实践感.蒋梓骅,译.南京:译林出版社,2003:80.

忍者吧中一个名叫"宇智波鼬"的火影迷的个人签名档,就使用了《火影忍者》中的元素,同时,该火影迷在火影忍者吧中担任小吧主的职务,他吧龄10年,发帖2 610篇,在贴吧中的头衔为忍军指挥13级,经验值10 307,因此,他的签名档也是火影忍者吧官方认证的签名档。

最后是粉丝们日常的对话也与动漫作品紧密关联。在火影忍者吧中,火影迷经常使用《火影忍者》动漫中人物的经典台词或相关句子,最终约定俗成为贴吧中其他火影迷认可也会加以使用的句式。一个名叫"始终LOZZ"的火影迷2014年10月10日在火影吧中发的一篇名为《火影即将完结 陪伴它的10年里你学会了哪些口头禅》的帖子,该帖子主要是问在看火影这部动漫时,火影迷都学会并且喜欢用哪些动漫中的经典台词。该帖共得到了844条回复,火影迷用文字或语音的形式回复了自己看火影动漫印象深刻的台词。这些台词有的是动漫中人物的口头禅,有的是日语日常用语,它们深入动漫迷的生活之中,甚至成为一种语言习惯。

进一步看,粉丝们的衍生创作是对动漫作品母本的再度符号化,分享其二度创作的意义,展现出他们的自主性与创造活力。由此,这些符号成为他们的身份和文化的象征,热爱、友谊、励志、价值取向、归属感……无不在这样的符号世界中得到强化与凸显,勾勒出他们内心深处向往的精神世界。因此,对于火影迷们来说,动画原作与重构的文本之间不但具有衍生转化的互文关系,除了补充、颠覆、撷取与复制原始文本,拼凑与挪借原始文本中的信息之外,还在于建构共享的文化,表征社群的意义。

还应该看到,这种社群意义的建构和认同,是火影迷们在文本互赠的行为之中实现的。在社群中等级地位较高的火影迷和等级地位较低的火影迷成为朋友以后,他们的人际关系交往成了主流。火影迷二次创作者可能会直接将自身创作的文本作为礼物,传给一个火影迷读者,该读者可能会将该文本继续传递给下一个火影迷,文本在人际关系的链条上进行传递,一种新的充满无线链接可能的网络结构正在逐步建立,开拓出一种新型的人际交往方式。粉丝之间的二次创作文本的交流互动可以被看作是互赠行为,在这个互赠行为中,礼物、赠送的规则和回赠都有了自身特定的含义①,而成为粉丝社群的一种仪式化活动,遵循着与礼物相关的三个要素——给予、接受以及报答。② 创作了较多的文本的粉丝就是馈赠者,他们贡献出时间、精力、智慧,将成果分享给贴吧里的其他粉丝;而对此的回赠,就是贴吧中其他粉丝浏览帖子、回复帖子、跟帖,还有分享到关联的微博或微信。如此赠予—接受—回赠的循环,成为粉丝之间基本的交往方式,并且由此而推动着意义的共享。

  这一交往方式及其产生的意义,实际上被纳入火影忍者吧的管理方式之中,换句话说,粉丝媒体的运作机制激励着互赠行为。比如说,火影迷坚持每天在贴吧中签到可以获得积分,积分可以提高等级,火影迷注册加入贴吧之后的年限长短,火影迷自注册以后每天在贴吧中的在线时间,火影迷发表原创帖子数,火影迷回复他人的帖子数,火影迷拥有的粉丝数,等等,所有这些,都使动漫迷在贴吧中的行为被量化评价,进而获得不同的身份等级,享有社群中相应的地位和威望,从而有着不同的操作权限。所有这些都意味着对萨拉·桑顿所谓"亚文化资本"的积累。像火影忍者吧中的吧主"奈良ご鹿丸",在2014年的时候,他的吧龄已达10年,发帖数也达到2.2万个,每天在线时间超过5小时,这些经验等级非其他贴吧新人

---

① 赵星植. 礼物作为社会交流符号的诸种类型. 江苏社会科学,2013(6).
② 凯伦·海尔克森. 粉丝领域的价值观:网络上的粉丝互赠文化. 官羽, 译. 世界电影,2010(6).

所能比拟，所以他在贴吧中担任吧主，享有很高的威望。在吧内举办充满仪式感的活动也在激励和强化着文本互赠。比如，从2012年起，火影忍者吧中每年都会举行一次忍者大战。火影迷们可以自由组合成队伍，每支队伍有8个队员即可参赛，参赛的内容分为各种形式的团队合作，每当完成一个特定的任务就会获得积分。

兰德尔·柯林斯提出的"互动仪式"这一概念，有助于我们更好地理解火影迷们的这些具有仪式性的活动。他指出："互动仪式理论的核心机制是，高度的相互关注，即高度的互为主体性，跟高度的情感连带——通过身体的协调一致、相互激起/唤起参加者的神经系统——结合在一起，从而导致形成了与认知符号相关联的成员身份感；同时也为每个参加者带来了情感能量，使他们感到有信心、热情和愿望去从事他们认为道德上容许的活动。"① 这种互动性与认同感非常符合火影迷在虚拟空间中重塑自我的要求，由此火影忍者吧成为动漫迷的展演场域。在这里，火影迷们"抛弃了理性的、契约式的社会关系，而转向一种有感情融入的社交形式"，粉丝社群的秩序就在此间形成，社群的凝聚力也因此而强化。

---

① 兰德尔·柯林斯.互动仪式链.林聚任，王鹏，宋丽君，译.北京：商务印书馆，2012：71-72.

粉丝叙事的最终可行与粉丝知识社区的形成及内部高度的互动有极大的关系,正是基于粉丝群体已有的较为成熟的网络互动、信息获取,粉丝叙事才有可能实现。

粉丝主体与新叙事

作为粉丝媒体，李宇春粉丝"玉米"自办的电子杂志《LEE周刊》是其中的显著代表。多家媒体对此进行过关注：2011年9月25日新浪娱乐推出《新调查：粉丝娱乐方式进入新阶段？》，在介绍粉丝娱乐新方式的版块重点介绍了《LEE周刊》，认为这"不仅仅是与偶像交流的最佳平台，同时也是对外传达偶像讯息、梳理偶像形象的另一种机会"；《今日早报》2013年4月22日A0016"文娱·焦点"版整版关注《LEE周刊》，推出"它叫《LEE周刊》 出自"玉米"之手""《LEE周刊》不是负担"两篇报道，介绍了其"百位粉丝网上办公，从报题到出版都走专业流程"的办刊特色，赞扬该周刊"制作专业、内容详实、不一般"；东方卫视《娱乐星天地》2013年10月15日以"办周刊，追星也讲正能量！"为题对"玉米"的办刊追星模式进行了报道，并借"正能量"一词予以肯定。

《LEE周刊》所代表的是一种粉丝叙事行为，充分彰显了粉丝的创造力与文本生产力。粉丝叙事是指粉丝由被动受诉者变为主动的叙述者，充分发挥自己的主观能动性，在传统社会媒体"叙事垄断"之外寻求另一种可能：他们以粉丝的身份生产、遵循粉丝的叙事逻辑、借助粉丝的视角直接呈现他们深爱的偶像，报道偶像的行踪、分析偶像的近期发展重点、剖析偶像的心路历程，粉丝对叙事文本具有完全的掌控力。

粉丝的文本生产力

与一般的媒体叙事相比，以《LEE周刊》为代表的粉丝叙事行为到底有哪些不同，这些不同又形成了怎样的特色呢？要回答上述问题首先要从其独特的叙事主体说起。叙事主体是一切叙事行为的起点，对粉丝叙事行为主体的确立与分析将有助于更好、更深入地感知粉丝叙事的魅力与特质。

娱乐明星因其显著性、典型性，是媒体报道的"座上宾"，媒体长期实践的积累形成了一套传统的叙事操作方式：媒体记者作为主要的叙事主体，通过观察、记录、整理、编辑来叙述他们所"看到"的明星偶像。这一过程中，粉丝是受众，只能做被动的信息接收者，从记者叙事的"只言片语"中获知偶像的近况、动态，并试图借助这些信息展开有关偶像的想象、还原偶像生活、进行偶像形象的建构。媒体通过报道吸引受众，而报道文本表达什么样的叙事主题、讲述哪些故事、凸显哪些细节、确定怎样的报道方向都受到媒介叙事逻辑的影响。在奉行"狗咬人不是新闻，人咬狗才是新闻"的媒介叙事逻辑中，新奇、异常性往往成为导向，娱乐明星作为典型人物会被处理成八卦、绯闻、丑闻的"主角"，他们作为歌手、演员本真的技艺风采常常被忽视，这种带有先在偏见的叙事模式自然是粉丝们所诟病的。

随着媒介技术的发展，受众被"解放"了出来，他们不再被"禁锢"在报纸版面、电视屏幕、电脑显示屏前，逐渐改变被动消费媒介产品的状态，开始主动地生产媒介文本。粉丝是对热衷于某一对象的个体的统称，该对象即为偶像。詹金斯曾指出：粉丝是所有新媒介技术最早的使用者和推广者之一，"粉丝"与普通受众不同，他们为自己制造了独特的解释与认同，全体"粉丝"代表了一种将媒介消费体验转化为新文本制作的参与性文化，一种新的文化与新的集体诞生了[①]。粉丝将这种主观能动性充分发挥，借助于新的媒介传播技术，在传统社会媒体的"叙事垄断"之外寻求其他的可能：他们以粉丝的身份生产、遵循粉丝的叙事逻辑、借助粉丝的视角直接呈现他

---

① 比尔·奥斯歌伯.青年亚文化与媒介.王宇英，译//陶东风，胡疆锋.亚文化读本.北京：北京大学出版社，2011：348.

们深爱的偶像，报道偶像的行踪、分析偶像的近期发展重点、剖析偶像的心路历程，粉丝对叙事文本具有完全的掌控力，这样的活动即为粉丝叙事。粉丝们由被动受诉者变为主动的叙述者，不再只听"他们（记者们）讲故事"，而是由"我们"——粉丝们自己讲故事。本章重点围绕李宇春粉丝"玉米"的叙事活动——《LEE周刊》对粉丝叙事进行进一步地探析。

和万千粉丝一样，李宇春的粉丝——"玉米"们也热切地渴望知道偶像的各种信息，见证偶像的成长，但他们发现自己的偶像"作为标杆性的人物却常被拿来恶意解读、消费"：近年来，李宇春中性的装扮屡遭调侃，特别是"春哥"的称谓引发了恶搞潮；被去世、被恋爱、被耍大牌的假新闻也一度甚嚣尘上……"玉米"们难以忍受种种八卦、炒作，特别是对偶像的恶意中伤，"因为一般的叙述常常叫人失望，粉丝必须与此抗争，试图阐明那些在原初作品中未被发现的可能性"[①]。可能对于他们来说，看到的只是李宇春在公众面前光鲜亮丽的亮相，是资料里那些换算成市场号召力的数字，是坊间这样那样或夸张或荒谬的传说。只有"玉米"，伴随了李宇春自21岁起就开始直播人生的"玉米"们才知道，这里面有多少困难与纠结，多少汗水和艰辛，因为我们是这一切的旁观者、见证人。身为"见证人"的他们决定"亲自出马"以"正面、积极的声音来宣传她的音乐"，并以此为叙事目的，创立了"李宇春原创新闻品牌"——《LEE周刊》。该周刊旨在通过一个相对权威的整合平台发布李宇春的资讯，宣传李宇春的音乐，记录李宇春与歌迷之间的故事。2012年4月，以"宣传李宇春的音

---

① Henry Jenkins. Textual poachers: television fans & participatory culture. London: Routledge，1992：24.

乐,服务广大歌迷"为办刊理念的《LEE周刊》推出电子杂志,每月一期,将"专业、严谨"作为自我要求,以"挚爱春春,服务'玉米',面向大众"为宗旨,报道李宇春及"玉米"最新动态,不定期做关于李宇春音乐作品的深度消息,同时涵盖多方面的生活服务性内容。

"历史上,中国印刷杂志的生产与发布是集中的,必须经过严格的执照申请程序,并受到严格的内容控制,而电子中文刊物的出版却是自我组织的,从一开始就具有自愿性。"[1] 正是这种自愿性,粉丝叙事有意要与社会媒体的叙事区隔开来,强调发出"我们"的声音。李宇春以2005年《超级女声》年度总冠军出道,她的成功颠覆了以往的造星模式,媒体热衷于解读其背后的原因,试图从中洞悉出奥秘,选秀节目的"时势造英雄"论,粉丝的"疯狂追星力量大"论是他们惯用的话语模式,如四川《天府早报》2005年8月9日报道直指《超级女声是歌迷的》,通过详细罗列粉丝追星种种不计得失的行为来强调选秀明星的成功主要得益于粉丝的强大力量。这种一味强调粉丝付出的论断并不能获得粉丝认可,在《LEE周刊》第六期灿烂十一月号《后冠军时代——李宇春长红之谜》一文中,"玉米"叙述了他们所认为的原因,特别是第二版块以"媒体误区,我们重新为你解读"为题将媒体习惯性归纳的"2005年选秀时代大背景造就李宇春持续走红""经纪公司和唱片公司的力捧让李宇春迅速走红""玉米强大的基础与雄厚的财力追捧使其屹立不倒"等原因定性为认识误区,转而更强调的是李宇春走红在于其本人的努力与魅力:"这是一条以个人意志支撑表达的事业轨迹,七年前的选秀止于推送出一个具

---

[1] 杨国斌.连线力:中国网民在行动.邓燕华,译.桂林:广西师范大学出版社,2013:172.

备超高人气与媒体关注度的会唱歌的女孩,而后的路是靠她一步一脚印走出来的。""她永远走在行业前面,若干次事业举措的推陈出新,最初的力排众议到最终大获成功,也在变相佐证着她的敏锐度,李宇春无疑走出了一条自己的路,不可复制的路。""那种奔涌而来的力量被强烈地传达给了她的受众,其真实性和持续性给予她的歌迷以源源不断的榜样力量与正面能量,这个庞大的粉丝群体亦在七年里伴随着李宇春而不断成长。"同为叙述者,粉丝与媒体观点鲜明对立,正是这样的对立,另一种声音的发出从侧面印证了粉丝叙事存在的合理与必要性。

麦特·希尔斯曾对"迷"有过这样的描述:专注且投入地着迷于特定的明星、名流、电影、电视节目、流行乐团;对于着迷的对象,可以说出一大串就算是细枝末节的资讯,也都能说得头头是道,而对于自己喜爱的对白、歌词、片段更是朗朗上口、引用无碍。① 粉丝之所以被称为粉丝最直接也是最为重要的原因在于个体对于某一特定对象倾注了强烈的喜爱崇拜之情。正因为"以爱之名",有了浓烈的情感寄托,粉丝叙事才成为可能。在自媒体尚未大行其道的时期,媒体与粉丝话语权之间的落差显而易见:粉丝们作为社会媒体文本的"观众"只能欣赏着台上的"表演"——接收来自媒体的讯息,他们对于讯息的反馈往往内敛含蓄,即使台上的表演并不精彩甚至编排有误,粉丝们也只能在台下"干着急",冲上舞台大声辩驳并获得主导地位的可能性微乎其微。话语权的落差在粉丝叙事中得到了"补偿"甚而是扭转:媒介技术的发展打破了"专业壁垒",给了粉丝从台下走到台上的可能,对偶像浓烈的情感又

---

① Matt Hills. 迷文化. 朱华瑄, 译. 台北: 韦伯文化国际出版有限公司, 2009: 序言.

给了他们登台的动力,粉丝们终于能够在公共空间行使自己的话语权,以他们的逻辑展开叙事。粉丝们的情感表达也发生了空间的转移:从台下转移到了台上,从私人空间走向了公共空间,空间的区隔被打破了。就这样,粉丝话语进入公众领域为人熟知。

《LEE周刊》官方微博封面(截屏)

这一过程中,粉丝叙事因某特定对象而起,一开始立场就鲜明确立,聚光灯分毫不差地瞄准该对象,呈现出显在且预设的叙事偏向,并通过如下三个方面得到强化:

首先,叙述者对内容把关,审慎选择,尽可能地避免其他明星的出场,特别是和该偶像同时代并存在某种竞争关系的明星。《LEE周刊》围绕偶像李宇春叙事,其中对2010年中歌榜李宇春献唱的环节如是描述:"李宇春和歌坛前辈毛阿敏首次展开合作,两人携手演绎麦当娜的经典歌曲 *La Isla Bonita*,并联唱《思念》和《甜蜜蜜》向经典老歌致敬。无论是经典曲目的合唱,还是经典舞步的律动,两人都配合得相当默契。虽是后辈,李宇春却展现出了难以被前辈掩盖的风华,这次合作后,有着歌坛大姐大之称的毛阿敏也毫不吝惜对春春的赞扬。"并配上两人合作的现场图,而实际上,当晚的该环节是由李宇春、张靓颖与毛阿敏共同携手完成,可参见中国新闻网 2011 年 1 月 18 日报道《张靓颖泪洒"中歌榜"与李宇春毛阿敏合唱》:"李宇春和张靓颖分别演唱了毛阿敏的经典作品《思念》《渴望》,毛阿敏则带来《滚滚红尘》。此后三人合作了麦当娜的 La Isla Bonita 与邓丽君的《甜蜜蜜》,这段串烧长达 15 分钟,让歌迷的欢呼声一浪高过一浪。"显然,同台出现的张靓颖被叙述者"无情地"忽视了,其与李宇春均为 2005 年《超级女声》的人气选手,在比赛期间粉丝就自觉"划定疆域",在坚守"爱春"立场的叙事版图中,显然也不会出现她的身影。

其次,通过将个人主观感受"合法化"来旗帜鲜明地表露自己的立场。叙述者直白地进行带有明显倾向性的表达与判断来强化、凸显偶像的造诣与地位。叙述者话语中的某固定对象通常傲视群雄、无人能比,在《LEE 周刊》中,叙述者毫不避讳地高度评价李宇春,刻意突出李宇春的地位,其参加颁奖典礼,强调她的造型引人注目:"这样难得一见的造型又让她抢掉了当晚所有嘉宾的风头,成了最出彩的那一位。"其参与电影拍摄,叙述者奋力赞扬:"中国的大银幕上,也多了一个令人惊喜的身影。"特别是在李宇春荣获"2013 年 EMA 全球最佳艺人"之后,叙述者对于她的演唱造诣做了更高的定位:"今时今日,李宇春早已站在了国内音乐市场的尖峰,越来越多地以颁奖人的身份出现在各类活动中,能与她比肩或能够为她授予奖项的人,已寥寥可数。"叙述者不遗余力地赞扬偶像,将他们主观化的见解与看法公开化、"合法化",显而易见地注入了自己的偏好,使叙事带有明显的偏向。

最后,将偶像符号化。法国符号学家罗兰·巴特通过对语言结构随意性的阐述及对一些大众文化现象的分析,揭示了大众文化如何通过制造神话来实现对社会的隐性控制。神话是"由话语制造出来的有关社会与文化的各种占主导地位的看法",它"聚焦于其对象在意识形态上所占据的主导地位,并且通过各种具体的人物和角色得以体现出来","神话是一种传播体系"。① 粉丝叙事这一以传播偶像信息、树立偶像正面形象的传播体系中,其文本浸润着神话的气息,叙述者善用高度凝练的语言将叙事对象符号化,用"舞台皇后""票房灵药""中国流行音乐代表人""首位民选超级偶像""才华横溢的李总"等简短精练的语言指代李宇春,用急促的语言节奏来加快叙事,以"皇后""灵药""超级偶像"等符号来烘托李宇春的独特气质,进而形成一套专属于"玉米"的话语体系。

叙述学的核心问题是进行故事与话语的区分。故事,即所叙之事,是叙事的内容,指向说了什么,说了多少,说的是否全面等问题。约翰·费斯克将粉丝看作"生产型受众",他指出,受众积极参与到文本的生产当中,按照自己的体验来解读文本,生产出自己独有的意义,并在生产意义的过程中获得了快感。② 美国学者亨利·詹金斯通过对《星际迷航》粉等粉丝活动的考察以"盗猎者""游牧民"作比粉丝生产,认为"文本盗猎者是后现代语境中,努力定义自己的文化、构建社区的社群;这个社群从他人认为微不足道甚至是毫无意义的材料中生产出意义"③,粉丝保留他们利用大众文化材料生产出来的产品,并以此形成自己独特的、持久的社群文化。粉丝叙事是粉丝作为文本生产者进行的"劳动",该活动的出现首先是粉

---

① 罗兰·巴特. 神话:大众文化诠释. 上海:上海人民出版社,1999:167.
② 约翰·费斯克. 理解大众文化. 北京:中央编译出版社,2001:28.
③ Henry Jenkins. Textual poachers: television fans & participatory culture. London: Routledge, 1992:3.

丝对传统社会媒体叙事"不满"的回应，其次也是粉丝发挥创造力的必然选择。这种不满在故事层面主要表现为对数量和质量的不满足，可以从单一叙事文本和叙事文本整体两个维度上来进一步地考量。

首先，从单一的叙事文本来看。对于明星艺人而言，媒体资源意味着曝光率，媒体关注的越多，曝光率就越高，对于知名度的提升就越有利。从这个角度看，媒体较于艺人处于强势地位，媒体掌握了叙事的主动权，数量庞大的艺人群与有限的媒体资源之间的"剪刀差"导致媒体不可能对所有艺人及相关事件"等量齐观"，有所选择必然导致明星艺人报道"配额"的不均衡性，另外政治、经济因素的作用也会导致不叙事或叙事不完全的情况。封杀是其中最为极端的表现：2007年因接拍《色·戒》并由此走红后，演员汤唯就备受争议，一度遭到了央视封杀。在2009年香港电影金像奖颁奖典礼上，汤唯光彩夺目，但中央电视台的转播将汤唯的镜头删得一干二净，"汤粉"根本无法从央视的画面中领略到偶像的风采。此外，媒体、记者作为主要的叙述者，是以非粉丝身份介入并展开叙事的，他们不像粉丝那样对明星艺人及粉丝群体有长期的关注，并抱有强烈的感情，最终文本呈现的是一种经过取舍、编辑后的叙事，甚至会与事实有所出入。如不少媒体报道提到玉米爱心基金的创立时，都习惯性地引用下面一段话："为了支持和推动中国红十字基金会'红十字天使计划'的实施，在李宇春的支持和众多'玉米'的建议下，2006年中国红基会设立了我国第一个由歌迷捐设和命名的专项基金——玉米爱心基金。"这样的表述其实并不准确，"很多人不知道的是，其实玉米爱心基金完全由'玉米'自发创立，就连代言人李宇春，也是基金会创立后才得知消息"，这一点在《LEE周刊》第十三期爱心六月号中得到了修正。

其次，从叙事文本整体呈现的形态来看。各媒体单位都有自己的定位，华语乐坛最具影响力的娱乐杂志《当代歌坛》以"潮流音乐第一刊"为口号，而时尚杂志《嘉人》定位于展示国际高端女性时装，强调装束、时尚的魅力。不同的定位直接导致媒体叙事方针的不同，也即叙事的侧重点会各有不同，《当代歌坛》更多地关注李宇春的音乐，第543期的《李宇春，哪能不疯狂?》就是通过现场直击李宇春演唱会，展现了李宇春音乐的感染力；《嘉人》2013年的8月刊，李宇春身穿香奈儿外套亮相《中国风》别册及封面，时尚是贯穿文本始终的关键词，凸显的是李宇春的穿衣品位与气质。一方面，媒体的多样化带来了叙事文本的丰富；另一方面，若将所有的文本视作一个整体，一家媒体对偶像的报道便呈现为零星、片段式的叙事，所揭示出的可能只是偶像某一方面的特点，若拘泥于某一媒体，偶像信息最大化占有就会有一定的难度。粉丝叙事回应了这样的"困境"，他们会对已有文本进行系统性的整合分析。《LEE周刊》专门设置了资讯版块，对报道的趋势进行统计分析，主要包括：新浪微博李宇春热词指数，统计新浪微博中与李宇春有关的热门话题数量；李宇春百度关注度，以百度贴吧为阵地，统计热门帖子、热门活动等，关注贴吧的活跃度；以每日追踪记录的方式，统计当月李宇春杂志报道和网络报道的数量变化；对期刊的报道，以表格形式罗列统计，统计事项包括：出刊日期、期刊名称及期数、报道形式、标题、篇幅，以此为基础再进行重点推荐，同时附有推荐词。通过这样密切地跟踪关注与统计，用"上帝之眼"将分散在各媒体角落的偶像报道信息告诉给"玉米"们，让"玉米"对外部的报道有了尽可能多地了解。

詹金斯所强调的粉丝生产主要是一种"再生产"，是粉丝在原初文本的基础上输入自己的理解而对原文本进行的调整与再创作，他认为粉丝文本的意义在于所缝合进粉丝的社会体验与自我表达，在已有的文化知识与文本之间建立联系，是文化挪用的过程。粉丝叙事中有其"再生产"的特点，"任何作品的本文都像许多行文的镶嵌品那样构成的，任何本文都是其它本文的吸收和转化"①。每一个文本都是对其他文本的吸收与转化，相互参照，彼此牵连。同时由于粉丝"缺乏属于自己且'合适'的生产场所，因此'窃占'生产者的领域，或取道于'挪用'生产者的生产成果"②。《LEE周刊》"撷取其他新闻报道中的精华"的报道方针体现了因缺失所采取的弥补策略，叙述者根据文本的主题精心设计故事情节，在已有文本中选择合适的片段加以借用。第八期新春一月号中的《演员的自我修养——票房女王李宇春缘何而生》，对李宇春由抗拒表演到自如表演的过程进行了回溯，意在展示李宇春在演唱之外的其他过人才艺。文中共四处直接引语，一处断引，一处间接引语，这些话语都来自已有的文本，为更好地说明特节选以下四处：

1. 《LEE周刊》：

急匆匆地赶工当然得不出太好的结果，无论是电视剧本身还是李宇春的表演，都处在一种"硬着头皮上"的尴尬境地中。拍完这两部剧之后，李宇春也曾公开回应媒体："我演完这戏的感觉就是，再也别让我演戏了。"

此文出自2006年07月27日《南方都市报》《李宇春：不

---

① 马振宏.论文本互文的原因及形成情况和边界问题.咸阳师范学院学报，2010（5）.

② Matt Hills.迷文化.朱华瑄，译.台北：韦伯文化国际出版有限公司，2005：67.

要再让我演戏了》：

《美丽分贝》是去年超级女声们第一部电视作品，李宇春、何洁、黄雅莉第一次触电都似乎有稍稍紧张，而谈话中超女们显得有点别扭。记者在此前几次公开活动与她们谈及自己这"第一次"，三人似乎都有玩票的"嫌疑"。李宇春："我演了这个戏后的感觉就是，不要再让我演戏了。"

2.《LEE周刊》：

随后，出道的第二年，正值李宇春第一张唱片《皇后与梦想》的筹备阶段，以音乐为重心的她开始对所有与音乐无关的工作说"不"，不仅拍了老板桌子推掉了无数商演，还坚定地回绝了所有影视剧本的邀约："我没有学过表演，也谈不上经验，其实我不会演戏，我怕耽误你们的作品。"这样直白的拒绝言辞用了三年，也吓跑了不少向李宇春伸出橄榄枝的电影导演。

此文出自 2009 年 12 月 15 日网易娱乐《李宇春：参演〈十月围城〉是意外也是挑战》：

李宇春：其实拍电影是一个意外，没有在我的设想里面。因为在《十月围城》之前也有很多剧组来找过我的公司，我也跟很多导演见过面。每次我都会跟导演讲，包括跟这次的两位陈导（陈可辛、陈德森）讲："我没有学过表演，也谈不上经验，其实我不会演戏，我很怕耽误你们的作品。"结果别的导演都吓跑了，只有这两位很坚持。

3.《LEE周刊》：
　　除此之外，《龙门飞甲》中，还有一段略显隐晦的感情戏。为了演好情侣间别扭吃醋的感觉，李宇春跟陈坤在戏外积极"培养感情"。"他跟我聊了半天，我们在戏里是情侣，戏外也要培养感情。他人挺好的，平时会一起聊聊天，吃个饭。"有演戏经验十足的陈坤引导，李宇春也开始在吻戏方面逐渐放下了心防。

此文出自2011年12月9日《新闻晨报》《〈龙门飞甲〉中练练武谈谈情　李宇春：电影让我开朗》：

　　对于和陈坤的对手戏，李宇春介绍，自己和陈坤第一次见面是在训练武术的地方，"他就跟我聊了半天，我们在戏里是情侣，在戏外也要培养感情。他人挺好的，平时会一起聊聊天，吃个饭"。

4.《LEE周刊》：
　　顾少棠一副匪帮千金的江湖儿女姿态就是与自小家教甚好、性格内敛文静的李宇春大相径庭了。李宇春也曾透露，在刚刚试戏时，她会按照自己的常态来坐下，但导演会指导她应刻意劈开腿坐，以体现顾少棠的江湖气息。

此文出自2011年11月30日中国新闻网《李宇春二度"触电"压力大　躲过蒙眼与惊马对撞》：

这个角色所处的环境、地位以及对周遭人物的情感，对于李宇春而言也是截然不同的生活和状态，相比较上一部而言可以说全面升级。甚至连坐姿这种很小的细节都要顾及。李宇春透露，在刚刚试戏时，她会按照自己的常态来坐下，但导演会指导她应刻意劈开腿坐，以体现顾少棠的江湖气息。

粉丝"通过阐释、重读、'盗猎'、挪用等策略，将媒介的叙事或表演转化为与自己社会情境相关的意义和快感，建构一个属于粉丝自己的独特的艺术世界，一个在媒介生产者的直接控制之外运作的世界"①。从上述选文中可以看出，叙述者凭借自身文本的积累，在"数据库"里遴选出契合自己叙事需要的内容进行重新组装，将其重新语境化，进而转换了它们的意义，生产出全新的文本，赋予其新的叙事生命力。

"媒体接收仅仅是狂热迷的实践技能中的一种元素，每一种实践形态均以特定的方式与原初的情感关系连结。狂热迷得以借由外文本的方式，'居住在（该文本）世界中'，以特定或想象的意义来说，此世界乃来自媒体狂热（派别），而延伸其对于文本或偶像的涉入。"②《LEE周刊》为代表的粉丝叙事还有其特殊性：这类粉丝生产具备"独立性"与"原初性"的可能，因为其专注于某一具体人物的生产活动，叙述者可以有机会近距离地接触到该对象，如参与接机、歌友会活动、与经纪公司保持密切联系等，这就具备了生产独立文本的条件与可能。上文所提到的其对于其他媒体叙事进行的更正叙事即是来自本身对偶像的"知识"积累。这种原初性还表现为其"生

---

① 陈霖.迷族：被神召唤的尘粒.苏州：苏州大学出版社，2013：142.
② Matt Hills.迷文化.朱华瑄，译.台北：韦伯文化国际出版有限公司，2005：251-252.

产"成为诱发社会媒体叙事的"引擎",一般的媒体叙述者对于多数的明星偶像都是阶段性、间歇性地跟进关注,认为某对象值得关注时才会有所行动,而粉丝不同,他们对某一对象通常保持了持续、稳定、长久的关注。因跟进频次的差异,媒体有时会遗漏信息,这时粉丝文本就可能成为他们的消息源。2011年5月19日,微博认证账号"孟非粉丝团"首先发出消息称:"紧急!今天下午,《非诚勿扰》北京录制,开场时,主持人孟非不慎摔落舞台,伤情比较严重!"这条由粉丝生产的消息发出后,各大媒体的记者才开始入场,挖掘孟非受伤的消息。在这一过程中,媒体与粉丝的角色出现了"反转",粉丝文本成为被"挪用"的对象,粉丝生产力再一次得到了肯定。

制造"多声部"

叙述声音是叙述者在文本中的基本存在方式,或高昂或低沉,或公开或隐匿的叙述声音中传递了叙述者独特的传播意图,从中建构出叙事权威。粉丝叙事"异于"一般的媒体叙事,通常而言,粉丝没有媒体记者的业务经验和专业素养,也不能像记者那样依附于所服务的单位而先在地具备某种话语的权威与可信度,所以粉丝叙事过程中,如何通过叙述声音的建构来提高叙事的可靠性与权威性,增强劝服效果显得尤为重要。

立体全面地报道偶像。叙述者一般起三种主要的作用:报道、阐释和评价。[①] 公开的叙述声音是发挥这三重作用的直接手段,也是树立叙事权威的直接手段之一。公开的叙述声音指

---

① 詹姆斯·费伦. 叙事判断与修辞性叙事理论//詹姆斯·费伦,彼得·J. 拉比诺维茨. 当代叙事理论指南. 北京:北京大学出版社,2007:374.

的是读者能够在文本叙述中清晰感觉到叙述者存在的叙述声音，它如上帝般无所不知，无所不晓。描写、议论、品评是主要的表现方式，在叙事这幕大戏中，叙述者公开干预叙事，掌控叙事节奏，引导叙事走向，粉丝叙事亦是如此。

描写是叙述者惯用的一种手法，描是描绘，写是摹写，叙述者用生动形象的语言，把其视线所及范围内的人物或景物的状态具体详细地描绘出来，描写能使人物活动的环境具体化，公开地嵌入自己的声音。叙述者试图通过"视觉化"的描绘引导受述者进入叙述声音的各种基调，描写能使读者产生"入其境、见其人"的感官体验，积极参与到文本交流的过程中来。① 2013年李宇春首次跨界出演话剧《如梦之梦》，《LEE周刊》予以了大量关注，在《认真造梦　入梦众生》一文中，叙述者通过大段描写，从声音、表情、动作等角度着手，营造现场感，强调了李宇春在话剧舞台的游刃有余与精湛演技，如"看得出她功课做得多足，台词完整流畅，情绪表达到位，与堂妹通话时故意带上的一点点台腔，嗲嗲糯糯，可爱不做作，惹人善意发笑。而当她终于开始与5号病人对戏时，亲身在剧院中看着平日里话不多又御姐的李宇春化身剧里活泼中带点小赖皮的严医生……抑扬顿挫的清脆声音响彻剧院，酣畅淋漓。那一刻，她身上青涩的戏剧感早已烟消云散，入戏，不过是一瞬间。"描写将叙述者的观感直接化，引导受述者在其视角下感知、体会，接受并认可叙述者的观感。

直抒胸臆，夹叙夹议是粉丝叙事时最常被运用的方式：叙事语言中不断融入对偶像的高度评价与直接的个人情感表达，使叙事带有明显的主观性色彩与显在的叙事偏向。《LEE周刊》第十四期中《性感，就是有主见》一文对李宇春出道至今的发

---

① 陈霖，陈一.事实的魔方.北京：中国古籍出版社，2011：83.

型、妆容、着装风格的变化进行了陈述，并以评论"从不自信地抗拒，到好奇地尝试，到游刃有余地自主搭配，变化的是她对时尚以及对自己潜能的认识，不变的则是她对待自己定位的坚持和清醒"确定了全文的主题：强调李宇春对自我的坚守。文中，在对李宇春妆容从清淡到开始尝试浓妆的过程娓娓道来之后，叙述者不由地感慨："时光虽然在李宇春身上雁过不留痕，却让她逐步发掘出了自己的魅力所在。这一块璞玉，终于开始散发更耀眼的光芒。"在介绍李宇春走向国际，受到世界一流设计师青睐后，叙述者总结道："在大师面前，也敢于坚持和追求自我的李宇春受到万千宠爱不是没有原因的，除了自身优秀的外在条件和内在审美，最重要的恐怕是无可替代的个性魅力和时刻清醒的睿智吧。"文本中，大量的评论通常紧随叙述而至，叙述者似乎总是"迫不及待"地要为读者做进一步的解读，仿佛担心仅凭简单描述并不能完全展示偶像的风采，不能实现叙事的目的，一定要借助评论做进一步的升华，似乎只有这样，叙事才显完全。

　　粉丝叙述声音最为核心的目的就是要告诉受众：他们沉迷的偶像到底有哪些过人之处——不仅要强调他们的才华横溢，而且要极力勾勒他们的人格魅力，展现偶像全能优质。以偶像为主要角色的叙事中，为全方位、多维度地呈现偶像特质，叙述者还会特别安排其他角色出场，这些角色来自粉丝群体之外，多是因为工作或某些契机和偶像产生过某种关联，和偶像有过直接接触的人物。叙述者安排他们出场，和他们直接采访对话，叙事文本通常用第一人称陈述或对话体呈现，毫无例外，这些角色的声音均指向偶像的正面形象的建构与完善补充。在《LEE周刊》中，李宇春是当仁不让的主角，与她共事或者接触过的吉他老师、伦敦市长、话剧导演、《精品购物指南》策划总监这些玉米群体之外角色也被邀请、吸纳进了叙事，叙述者和他们聊李宇春，通过提问、引导，借他们之口道出了李宇春更多的特点与魅力：

> 好多女孩子因为怕痛，受不了，所以也放弃学吉他了。李宇春，却没有，她一样的痛，咬着牙，我能看到她眼中的坚毅。
> ——吉他老师

> 《如梦之梦》选择李宇春，是双保险！
> ——话剧《如梦之梦》编剧

> 她身上的元素和内核，是时髦的，是年轻的，是正面的，是让人乐于接受的。
> ——时尚杂志的策划总监

有所选择地引入其他角色，首先是一种必要的补充，这些和偶像直接接触过的角色的评价天然地带有某种权威性与可信度，借助他们的声音可以更为立体、全面地展现偶像；其次，通过叙述声音来源的丰富化、差异化间接论证和肯定了粉丝叙事的权威性，强调了粉丝叙事的合理性。

维系情感共同体。苏珊·S. 兰瑟认为集体型叙述声音是指"在其叙述过程中某个具有一定规模的群体被赋予叙事权威；这种叙事权威通过多方位、交互赋权的叙述声音，也通过某个获得群体明显授权的个人的声音在文本中以文字的形式固定下来"①。进一步地，她将集体型叙述声音细分为三种形式：某叙述者代某群体发言的"单言"形式、复数主语"我们"叙述的"共言"形式和群体中的个人轮流发言的"轮言"形式。

---

① 苏珊·S. 兰瑟. 虚构的权威：女性作家与叙述声音. 黄必康，译. 北京：北京大学出版社，2002：23.

粉丝是"生产型受众",他们通过新媒介技术的"赋权",创造、生产新的叙事文本,建构出属于他们的独特叙事体系。粉丝叙事是粉丝作为群体的存在和参与性文化的一种实践活动,叙事中群体声音的发出与传递占到很大的比重,是一种集体型叙述声音的释放。下面将通过对《LEE周刊》中集体型叙述声音的分析与阐释来进一步明确此类型声音的特色以及运用的具体情境与目的。

1. 单言——主编的话

布尔迪厄曾指出过,任何一个社会场域都有着隶属于自己的正统文化。它是区分场域内各行动者处于有利或不利地位的基本原则,是一种分类标准。深入每一个文化体系内部,对于其中的个体而言,所占有的"文化资本"是各不相同的。同理,粉丝文化中,粉丝群体内部也存在着文化资本不均等的情况,那些追星时间长、资历老、消息来源多,或者与偶像方有直接联系,能获得第一手资料的粉丝通常更容易凸显出来,他们累积的文化资本高于其他人,是群体中的"意见领袖"。他们看似单薄的声音实则表达的是整个群体的意志。粉丝叙事中,能号召离散的粉丝集合、确定叙事主题、明确叙事风格的"主编"在整个叙事体系中扮演着这样的角色,他们的发言具有很强的代表性与说服力。《LEE周刊》的主编南希从《超级女声》比赛开始就迷上李宇春,以资深"玉米"的身份接受过多家媒体的采访,在"玉米"圈内颇受推崇。每期杂志,她都会单独发声——刊首"主编的话"以其名义发文。《LEE周刊》运作背后选题的确定、叙事风格如何等问题都可以在南希的发言中找到依据,"这整本的《LEE周刊》,难道不是每一个字、每一篇文、每一张图,都是关于她的吗?她是所有这一切存在的理由"指出了粉丝叙事的动力在于粉丝对于偶像的深厚情感;"可是那时候,为什么会那么爱她?有人缓缓道出真相:因为她始终是与众不同的"点明了李宇春对于粉丝而言的吸引力所在;"我们这期封面报道,讲的是李宇春的商演。这期我们没有讲什么闪亮的人格或者惊人的奇迹,或者那些在别人看来,粉丝透过玫瑰色眼镜而进行的讲述。我们讲的是,每个歌手都会面对的商演,用没有感情色彩、硬碰硬的数据"表明了叙述者对自身主观化叙述的自我感知与补救……刊首,南希以"意见领袖"的身份发言,虽然是个体的行为,但她的发言都指向"玉米"群体的整体行动,实际表达与体现的是"玉米"集体的意志,某种程度而言,南希是"玉米"的"传声筒"。

2. 共言——"我们是'玉米'"

上文已论证过,粉丝叙事是一项群体性的实践活动,是粉丝个体集结、协调运作、共同书写偶像的行为。"我们"叙述的共言形式直接体现了这一叙事行为的集体性特色,不过在实际文本中,叙述者会放弃惯用的"我们"而采用粉丝群独有的名字来自称,比如"玉米""凉粉"。具有独特风格意义的自我称谓强化了粉丝群体自身的特征,同时又通过叙述声音的传播进一步确立自己的身份符号,突出粉丝叙事的特色。通过称谓的个性化使用,建构出了粉丝叙事的场域、营造出属于粉丝叙事的特有情境。同时,在对自我称谓变形的同时,叙述者还会对叙述对象称谓进行"改造"——《LEE周刊》中,叙述者更多地使用"春春""李总""葱"这些在粉丝圈内部约定俗成的称呼,表达出一种家人或朋友般的亲昵。通过将称谓符号化、私人化,粉丝叙述者划定了粉丝叙事的"界限",彰显出各粉丝群体的特色。

3. 轮言——"葱啊,你听说了吗?"

轮言,就是让粉丝个体直接开口说话,成为最直接的叙述者,讲述他们与偶像之间的故事。对于每个粉丝个体而言,他们对偶像都有着迷恋、崇拜之情,但如果具体到如何入迷、迷的程度有多深、最欣赏偶像哪一个特质、最期待偶像在哪方面发展等具体问题时,答案通常都是因人而异的,正是这样的同与不同印证了"轮言"的必要性:既给了每个粉丝叙事话语权,也从侧面反映了偶像对于粉丝的影响与感召力之大。这一点在《LEE周刊》中有明显的表现,"玉米"个体对于李宇春有着各自的情感寄托:

> 在外的生活往往需要一个寄托,从2005年夏天开始,你便成了这样一个支柱、一个归宿。
> ——猫猫

> 笑起来嘴角弯弯,哭也好看,那件衣服也好看,什么都好看。重点是,她的舞台煽动力太强了,清唱的时候都能煽动,还想听她唱,只想听她唱,像所有时间都是她的。
> ——若若

> 慢慢地我发现,每一年你都会给我惊喜,无论是音乐态度、做人态度、你对梦想的坚持……这些正能量我一一接受,一一消化。
> ——一醉三一零

除了较为有秩序的轮言,通常还会陷入"七嘴八舌"的状态:他们对偶像直接喊话,内容、风格各有不同,"葱啊,你听说了吗?"的版块中,"玉米"就像向日常朋友一般与李宇春直接撒娇倾诉,语气娇嗔可爱,内容从考试满分到和闺蜜吵架，不一而足。

语调有高昂的：

葱啊，新歌真好听，感觉你什么都不怕，很放得开。喜欢你这样自由地精彩生活。

——realROSS

有低迷的：

葱啊，好久没来和你说说话了。马上快开学了，可是我想做的事情却还有好多没有做完。真的很讨厌这样的自己，定下的目标总是实现不了。想想你为坚持梦想付出的那么那么多就觉得自己是个特不合格的"玉米"。我不要青春虚度，不要梦想荒芜，所以我要像你一样去努力。我要的疯狂，就是一步步实现梦想。这一次，我一定做得到。晚安。

——绿绿青青草

有兴奋的：

葱啊，我终于可以去看你了！这次是我七年来第一次能见到你本人，真是太期待了！8·26，我会去北京看你。等我哟！

——懒人吉祥天

也有冷静的：

葱啊，听完《似火年华》我就这么淡定了，其实我已经疯狂了好几年啦，现在才知道，那是青春的特色呢！可是渐渐老了，我又知道了，青春除了疯狂也有奋斗，我的点是不是特别奇怪？我决定看完巡演就回来好好努力，我的坚持不会是笑话的啦……

——序幕F调

这些看似毫无章法、各自为政的声音，实则反映了对于偶像的极度信任与依赖以及粉丝叙事的信心：在粉丝叙事建构的世界里，粉丝具有绝对的话语权；也可从中看出，集体型声音的呈现与勾勒对玉米这一粉丝社群情感共同体的建构与维系发挥着极其重要的作用。

4. 双声话语：回应和自省

粉丝叙事的目的在于更好地宣传偶像，进一步提高偶像知名度，让更多的人发现偶像的优秀可爱之处进而"迷"上他们。所以，粉丝叙事面向的不仅仅是粉丝群体本身，还有"路人"（粉丝圈术语：非粉丝）。从这个意义上讲，如何通过叙事来争取"路人"的关注和认可是粉丝叙事需要解决的一个重要问题。《LEE周刊》"是一种尝试，我们也是希望有更多'玉米'之外的人能够看到、关注到我们，然后关注到李宇春"。为更好地面向大众、吸纳大众，叙述者在叙事内容上有所设计：增加生活休闲娱乐的版块以贴近大众需求，增进叙事的亲切感；除此之外，为避免叙事消遁，叙述声音在这一过程中发挥了重要作用，这主要表现为双声话语的使用。双声话语，即复调，本是音乐术语，苏联学者巴赫金将其引入叙事学领域，以复调小说来概括陀思妥耶夫斯基小说的诗学特征，"有着众多的各自独立而不相融合的声音和意识，由具有充分价值的不同声音组成真正的复调"①。双声话语是一种微型对话，一种暗含对话性质的对话，因为一个人的话语，表面是不存在对话的，但因为他的话语中表达了两种指向、代表两个人的意向或态度，所以话语就有了对话、交流的色彩。

叙事中，若总是同一种声音、同一个语调、同一项内容的不断重复，叙述便变成了"说教"，容易招致反感，大大减弱了叙事的劝服效果。同理，由粉丝为主要叙述者的叙事活动中，如果只是一种声音："××有才""××很善良""××的歌很好听""××最棒"……这样溢美之词的简单重复，一来将削弱粉丝叙事的可靠性，二来将叙事"简单粗暴化"，弱化叙事的效果。另一方面，粉丝叙事从一开始就具有明显的倾向性，其发轫于粉丝群体内部的情感宣泄与维系，其中，批判性的声音是处于"失声"状态的。双声话语的介入，实则引入了自我批判的视角，在叙事中发出一种自审式声音，那些"一来一往"的对话包含了叙述者对某些质疑的回应与反思、自我审视与批判，他们直面非议。反思批判性声音的出现与加入使文本表现出审慎有力的一面，避免了一味迎合夸赞可能引发的"叙事危机"，这样的行文无疑是对粉丝叙事"面向大众"立场的回应与迎合。

成名以来，李宇春得到了"玉米"的坚定拥护，也面临争议，"玉米"这一庞大的粉丝群体多次成为舆论风暴的中心，百度贴吧史上最大规模的爆吧活动——"6·21爆吧"事件即是围绕"玉米"产生的争端，对于被诟病的疯狂举动，叙述者承认早期"因为基数的庞大，许多普通粉丝做起来显得正常的举动，到了'玉米'这里，都会变成混乱"，语气诚恳。成员

---

① 巴赫金. 巴赫金全集：第五卷：诗学与访谈. 白春仁，顾亚铃，译. 石家庄：河北教育出版社，1998：4.

庞杂的社群也不可避免地出现分化甚至是分歧,让内部成员困惑:"有时是'玉米',有时是'玉米'黑,有时是'玉米'粉。这是许多'玉米'面对自家群体时的状态,有时想做个单纯的歌迷,有时对不靠谱的同行者咬牙切齿,有时又被这个群体感动得泪流满面。"对于偶像的演技,他们也坦诚曾经青涩:"急匆匆地赶工当然得不出太好的结果,无论是电视剧本身还是李宇春的表演,都处在一种'硬着头皮上'的尴尬境地中。"

追本溯源,所有的叙事技巧都是服务于特定的叙事目的,所有叙事情节的展开都以实现叙事效果为动力,双声话语的使用既源于叙述者本身的叙事自觉与素养,但最终依然归于为更好地宣传偶像、塑造偶像形象的诉求上,就如华莱士·马丁所认为的,"双声话语"的建构取决于"不同的语言和透视角度的相互作用"①。所以,从这个层面而言,双声话语实质上是一种以退为进的叙事策略,叙述者以自审的姿态来推动叙事不断往纵深化发展,以一定的退让换取叙事更大的主动,内省早期玉米追星欠缺理性与秩序,是为了凸显今日的转变:"如今,'玉米'作为成熟理性的粉丝代表,已经被越来越多人认可……选择了用更成熟更内敛更理智的方式支持偶像";勾勒不同"玉米"的状态意在强调:"就像硬币的正反面,但无论哪面朝上,都改变不了这枚硬币的本质。春吧依然是所有'玉米'聚集与沟通的平台,一如既往,温暖如常";承认早期李宇春演技的稚嫩是要赞叹其演技的飞跃与突破,她是"票房女王","虽然她一直强调自己没有学过专业表演,但她在导演与表演上天生具有的天才与灵气,却是许多科班出身的演员所无法具备以及达到的"。

---

① 华莱士·马丁. 当代叙事学. 伍晓明,译. 北京:北京大学出版社,2005:158.

对于粉丝叙事而言，叙述声音的选择和使用不仅仅是形式与技巧的问题，更重要的是从中传递出他们打破传统媒体叙事的"陈规"、构建自己话语权威的意图。

另一种英雄叙事

"一千个'玉米'，就有一千个李宇春"，在个体的微观层面，单独离散的粉丝个体所感知到的偶像特质可能各不相同，对于偶像的情感寄托也会千差万别，所叙述的故事也往往伴有不同的情节。这些看似不同的情节，在叙述学的理论框架下，通过具体的叙事功能分析，却隐藏着指向一致的叙事模式，书写着粉丝心中的"英雄梦"。

1. 危机—入迷—突围

针对叙事学关注的核心问题之一——故事，学者布雷蒙曾说过："各种各样的叙事，不管他们采用的是何种表现过程，都显示于同一方式的同一层次，并独立于它所采用的技巧，一个故事的题材可以充当一部芭蕾舞剧的剧情，一部长篇小说的题材可以搬到舞台或银幕上……"① 他认为故事的呈现不受媒介、语言、表现形式的限制而具有稳定的叙事结构，叙事功能就是构成稳定结构的关键所在。俄国学者普罗普通过研究发现，民间故事具有二重性，一方面千奇百怪，另一方面又千篇一律。这是因为人物虽然在表面上非常不同，如年龄、性别、职业、身份以及其他静态的特点和属性有很大差异，但在整个故事情节中都完成同样的行为。他认为人物的功能（行为）是恒定不变的因素，而其他方面是可变因素。普罗普在其著作

---

① 罗钢. 叙事学导论. 昆明：云南人民出版社，1994：22.

《民间故事形态学》中,从多样的具体事件和构成中概括出了俄国民间故事中 31 个恒定不变的功能,并归纳出了 7 个人物角色,以此建立了一个最基本的叙述结构模式,所有被研究的 100 多个俄国民间故事都被看作是这个深层叙述结构的展开、衍生和变化。叙事学通过分析情节的组合"向我们展示相似的故事所共有的结构特征"。

相较于一般的媒体叙事,粉丝叙事有着更为精准的对象定位,更为宽松的叙事氛围,对粉丝个体也更为"优待"。《LEE 周刊》的英文注解为"Chris Lee and Fans",偶像和粉丝是粉丝叙事兼顾聚焦的两大对象,但显然粉丝的任何一次出场都不是单独孤立的,而是始终伴随着偶像的影子。讲述自己与偶像的故事是粉丝的主要出场方式之一,他们讲述自己如何与偶像产生勾连,如何入迷,偶像又如何对自己的学途、工作、人生等各方面产生重要影响来表达对偶像的深刻爱恋,强调突出偶像的人格魅力,渲染追星所获得的快感与满足感。这些故事中,主角各有其人、故事的情节各有不同、故事的铺成展开也各具特色,但置于"叙事学"理论的放大镜下,可以发现故事内部有着相似之处。下面将借助叙事学视角来探析《LEE 周刊》中所涉及的粉丝与偶像故事的内在结构,主要有以下几项叙事功能。

其一,生活遇到困难,遭遇挑战——危机:

粉丝们乐于回忆自己先前面临的危机与挑战,也乐于坦诚表达在困难面前自己的孱弱与无助。在获得粉丝这一身份前,个体是要应对平凡生活的普通人,工作、家庭、社交等压力无孔不入地涌来,压力来临,他们通常不知所措。如"玉米"们所言,在遇到李宇春之前,自己的生活或平淡如水,或经历起伏,如婚姻破裂、因性格内向不合群而苦恼、初入陌生环境而倍感窘迫等。

"婚姻突然走到尽头,无尽的争吵消耗着我对生活的所有耐心,有点发愣,不知该如何走下去。"

"一直以来,我都是个内向的男生……"

"初入高中,来到陌生的城市,陷入陌生的生活,一切都让我无措。我把我的所有包括她都抛开了,变得要么疯狂地闹,要么沉默。"

其二,遇见并开始喜欢上偶像——入迷:

受困于生活的牢笼,粉丝们无力招架,在无助的时候,他们渴望找到出口或者通过获得帮助来摆脱困境,他们试着转移自己的注意力,比如开始关注娱乐节目、关注流行音乐。此时,偶像开始登场,在舞台上光鲜靓丽的偶像迅速吸引粉丝的眼球,在其内心深处形成召唤。随着情感的累积,粉丝的那份爱恋越发浓郁。在李宇春初登超女舞台时,就有大量的人迅速成为拥趸,他们称自己为"赛时粉";随着李宇春演艺之路的不断拓宽,越来越多的人关注到她并喜欢上她,他们称自己为"赛后粉"。赛时与赛后只是接入"玉米"圈时限的差异,入迷的程度并无显著区别。

"7年前,我还不理解为什么会有人去喜欢与自己毫无交集的明星。但是当我第一次看到你时,我知道了,原来我也有一天会陷入这万劫不复的喜欢里。"

"她就像一道光突然照了进来……"

其三,一扫阴霾,战胜困难——突围:

入迷,个体多了一层"粉丝"的身份,在此过程中,认同也逐渐形成。首先是粉丝对所粉对象的认同,对其行为处事、品质修养等全方位的认同,对偶像的肯定最终会激发其实现自我认同的改观与修补。明星本身所具有的一些独特品质会成为迷群认同的对象，并且这种认同情感会对迷的实践活动产生影响。[①] 从喜欢上李宇春的那一刻起，"玉米"的人生就出现了转折，他们看到李宇春的坚持奋斗、努力向上、为人真诚，仿佛吸收到了无穷的能量，助他们改变现状，走出生活的困境。

"稻草人说自己是个急性子，婚姻的变故让她受到打击。是李宇春的大度，教会她选择宽容地去对待。"

"她的豁达、乐观、开朗，都是我没有的；她对工作的认真，同样也是我需要学习的。因此，她不仅是我爱的人，更是我学习的榜样。七年来，我逐渐改变着自己，现在回头遥望从前那个半封闭的自己，这才惊觉，李宇春的正能量真的有改变人的力量！"

"在那个微叛逆的年纪，即使走了歪路，也因为喜爱她的一身正气而改邪归正。"

通过拆解细分可以明显地看出，粉丝叙事的故事内在结构并不复杂，可以概括为"危机—入迷—突围"的三部曲：重在强调遇到偶像前和迷恋上偶像后自我境遇产生的积极变化。这些变化通常是人心理层面自我认知的一种转变：从自闭到开朗，从胆怯到自信，从懦弱到勇敢……叙述者主要通过自我内在世界的细微剖析，然后完成自我书写，通过对自我转变的回望描绘偶像对于粉丝的强大能量。三部曲中，从功能作用的角度而言，"入迷"是其中最为关键的一环，如果没有这一行为的发生，上述的叙事链条就会自然断裂，所谓的变化也会因为缺少催化剂而根本不可能发生。但是，在叙事文本中，这一环节的处理相较于其他两个环节往往会表现得比较简单，叙述者通常选择用"那年夏天开始""我是一名赛时粉""一首歌后"等简明、概括的话语来表述，通过简洁明了的勾勒与回溯表明

[①] 陈霖. 迷族：被神召唤的尘粒. 苏州：苏州大学出版社，2013：69.

自己喜欢上该偶像是一件十分自然的事情,以此来说明偶像的魅力难挡,进一步为偶像增分。

任何事件都离不开行动者,即角色。上面已论述过在粉丝与偶像的这组关联中核心事件是"粉丝喜欢上偶像",根据法国叙事学家格雷马斯的"角色模式",其中,粉丝是主角,偶像是对象。粉丝对偶像有着热切的情感,他们密切关注着偶像的一举一动,从上述"粉丝主角／偶像对象"的角色模式出发,顺势来推断叙事的下一步重点,应该是重在展现主角为达到自己的目的如何努力,也即叙述粉丝如何追随偶像,通过什么样的方式选择什么样的行为来抒发自己的情感,为自己的情感找到寄托。在实际操作中,粉丝叙述者并没有把焦点放在自己身上做过久地停留,而是很快让渡,甚至极力弱化自己的地位——因为偶像才是他们叙述的核心。叙述者反复强调是偶像让自己的生活焕然一新,是偶像给他的生活带来了无限的可能,通过对比,不断渲染反差来强化偶像的作用力,偶像发挥着"主角"的作用,触发着一切后续故事的发生。

2. 英雄原型的粉丝话语

原型,源于荣格的"集体无意识"概念,荣格将弗洛伊德的潜意识理论由个体扩展到人类共同的原始经验,认为集体无意识是几千年来人类经验积累所形成的一种遗传倾向,是一种尚未明确整理的非抽象非概念的感觉世界。那些有史以来沉淀于人类心灵底层的、普遍共同的人类本能和经验遗存以原型的构成存在着。所以,原型是一切心理反应的普遍形式,是"无数同类经验的心理凝结物",是反复出现的意象、母题、人物类型或结构模式,可以是一种精神、一个符号或者某种概念,也可以是一个外在形象。"一旦原型的情境形成,我们会获得一种不寻常的轻松感,仿佛被一种强大的力量运载或超度。在这一瞬间，我们不再是个人，而是整个族类，全人类的声音一齐在我们心中回响。"①

英雄是其中最为常见的一种原型，何为英雄？在中国古代，"英雄"指的是"聪明才智和胆力勇气皆备超群的人"，刘邵的《人物志》将"英雄"定义为"草之精秀者为英，兽之特群者为雄，故人之文武茂异，取名于此"。随着时代的发展，英雄的概念也逐渐得到泛化与展开，"英雄概括来说，就是伟大人格，确切点说，英雄就是永恒价值的代表者或实现者。永恒价值乃是指真美善的价值而言，能够代表或实现真美善的人就可以叫做英雄……英雄不但指豪杰之士，而且包括圣贤在内"②。前文笔者已对粉丝叙事的三部曲结构进行了剖析，根据所分析出的内在结构，可以发现粉丝对偶像的喜爱并不止于对其表演、歌唱、跳舞等外在表现，而是更加强调偶像身上的人格魅力，在意他们所带来的正能量。一个原本普通的路人从某一瞬间开始对某一个对象入迷起，粉丝便开始了一场"发现之旅"，他们不断地发现、总结偶像的内在优良特质，不断加深自我对偶像的推崇与喜爱，并从中汲取能量实现自身生活的优化调整。对于万千粉丝而言，偶像的出现就像英雄降临，带领他们攻克生活中的一个又一个难关，将他们从生活的"迷雾"中解救出来。所以，笔者认为，这其中是对英雄叙事原型的借用——英雄，在普通人中间有超出常人能力的人，他们能够带领人们做出有意义的事情，或者他们自己做出重大的事情，偶像就是粉丝心中的英雄。

具体来说，偶像与英雄有着同构色彩，粉丝叙事中强调与突出的是英雄身上的感召力。"时势造英雄"的俗语凸显了特

> 偶像与英雄有着同构色彩，粉丝叙事中强调与突出的是英雄身上的感召力。

---

① 朱立元.当代西方文艺理论.上海：华东师范大学出版社，2005：168.
② 贺麟.文化与人生.上海：上海书店，1991：136.

定的社会机制召唤英雄，可以说英雄是应运而生的。其实，社会情境对于每个个体都是相似的，社会环境更不会因人差异显著，但显然并非每个人都会成为英雄，任何一种社会情境下，只有少部分人会突破常规成为万众瞩目的英雄。一个普通人进阶为明星偶像的历程与此类似，进入大众化娱乐时代，造星机制社会化趋势明显，《超级女声》等选秀类节目为怀揣明星梦的普通人提供了机会，但真正脱颖而出的依然是少数。李宇春从草根到"国内首位民选超级偶像"身份的逆转，历时4个月，是经过海选—复选—晋级赛层层选拔、激烈角逐的结果，最后的成功证实了其具有不同于常人的特质。普罗大众对英雄有一种天然的亲切感，如上古神话中的女娲、后羿、大禹等，因为他们勇于探索、不畏艰难，他们仁爱、智慧、爱民，有着良好的威信与口碑。偶像的亲民与坦诚也是为粉丝所津津乐道的，"玉米"们总是反复提起这样的细节：李宇春在机场从不走特殊通道而是走普通通道，因为不能让久等的玉米失望；她代言产品会考虑产品的价位，考虑"玉米"的承受力；她每年都会亲自到"玉米地"留言，为"玉米"送上祝福。偶像的亲民缩短了与粉丝的心理距离，更易强化认同。同英雄一样，偶像还具有极大的影响力与感染力：近年来粉丝公益的蓬勃兴起即是一个实证。偶像若热衷公益，那么他的粉丝也会受到影响而更愿意投入公益事业中。

英雄敢为人先，与众不同，在粉丝眼里，偶像常具有先锋色彩，超脱于其他明星，有着自己的标签，如同英雄有自己的代号与"独门秘籍"一样。李宇春在"玉米"看来等同于先锋，其一举一动总是被赞不绝口：从不插电音乐会到推出品牌系列演唱会，从数字下载到尝鲜数字发行，从突破常规的MV转向拍摄音乐电影……"'破冰'是李宇春近几年的关键词，她进入不同的领域，不断地制造惊喜"；"创新是一种习惯，破冰是一种态度";"入行第七年,这位'中国首位民选超级偶像'远未疲倦,依然在孜孜不倦地突破自我。从歌曲发行到现场表演,她仍旧怀揣热血,在前行中逐渐摸索探寻着更加新颖且适合自己的表演方式"。

　　总而言之,英雄常和榜样挂钩,英雄身上焕发的感召力引导大家向其学习,完善自我。在粉丝世界里,偶像就是英雄,就是榜样,散发的正能量引导粉丝不断前进:"她不是我的目的,她是我的动力。2013,新年伊始,她向更高更远处发展,我也要为了梦想而拼搏。李宇春,让我们一起向前奔跑。"曼纽尔·卡斯特指出过:意义是环绕着一个跨越时间和空间并自我维系的原初认同(亦即一个架构其他认同的认同)而建构的。① 粉丝热衷于诸如此类的意义解读,在解读中明确了偶像的鲜明特色与个性,并将这些发现人为地标注为某个个体的"独属性"。

3. 粉丝叙事中的"英雄旅程"

　　对英雄气质的迷恋实际源自粉丝内心深处自我实现的需求与满足。张嫱曾强调:"粉丝,其实来自我们内心。粉丝在偶像身上找到归属感,人们寂寞的心灵想要找到寄托,希望为生活创造意义、满足自我、实践自我。"② 在粉丝叙事中,英雄原型是一种隐喻,是粉丝内在心理与情感的直接投射。"在后现代的文化中,主体已经被分化为一种越来越欣快但又支离破碎的变数,而非中心化的后现代自我也不再感受到焦虑,同时

---

① 曼纽尔·卡斯特.认同的力量.夏铸九,黄丽玲,等译.北京:社会科学文献出版社,2003:3.
② 张嫱.粉丝力量大.北京:中国人民大学出版社,2010:4.

也不再拥有深度性、实体性和一致性等"①，出现片断化、互不关联、流动性特征的主体开始将自我情感转移到对偶像的崇拜中，并从中建立了新的自我，形成新的身份。"自我主体身份的碎片化、认同的缺失性是产生迷文化群体的根本原因，而迷群的偶像崇拜或深度迷狂的行为，又恰恰是借助偶像或痴迷的对象来重新寻找自我、建构身份的过程。"② 粉丝的偶像崇拜行为是一种情感的投射，所谓投射是一种心理学术语，指的是将自己的态度、感情或猜想归因到别人身上；也可理解为"通过这种操作，主体拜托自我而在他人（人或物）那里看到不了解的或拒绝的品质、感情、愿望、甚至'对象'"③。这是一个将自己内在心理内容转移到别人身上或转移到某种客观存在物的心理过程。英雄原型反映的正是粉丝情感和心理的一种不自觉投射，体现出粉丝们的某种精神追求与渴望。在人的发展过程中，自我的成功与满足感是人们心底所追求的隐性目标，但现实生活的压力与负担常常挤压着人们走向成功的通道，于是他们把自己对于成功与个人发展的想象转移至偶像身上：偶像品质优秀、卓越超群、令人敬佩，在芸芸众生中脱颖而出，同时又能给他人带去快乐与幸福感，"英雄般"的偶像满足了粉丝内心深处对于成功、对于自我实现的渴望与需求。就如"玉米"将自我期待投射到李宇春身上，谈到如此热爱李宇春的理由时，很多"玉米"会说："我在她身上看到了自己未竟的梦想；我想让她继续保持锐气；我想让她活得更加自由；那些为了生存而走过的妥协之路，我不想她重复。"

---

① 道格拉斯·凯尔纳. 媒体文化：介于现代与后现代之间的文化研究、认同性与政治. 北京：商务印书馆，2004：396.
② 陈霖. 迷族：被神召唤的尘粒. 苏州：苏州大学出版社，2013：59.
③ 邓惟佳. 迷与迷群：媒介使用中的身份认同建构. 北京：中国传媒大学出版社，2010：95.

由此，粉丝叙事中暗藏着一个"英雄梦"，粉丝专注于偶像与英雄的同构性，描绘了一个历尽艰辛、终获成功的"英雄旅程"。纵观各路英雄故事，英雄人物并非生来强大，他们常历经重重挫折，需不断和困难抗争才会实现最终的胜利，可以说英雄梦是一个关于个体成长奋斗，不断实现自我的励志故事。《淮南子·览冥训》："往古之时，四极废，九州裂，天不兼覆，地不周载；火爁炎而不灭，水浩洋而不息；猛兽食颛民，鸷鸟攫老弱。"女娲历经艰辛，"炼五色石以补苍天，断鳌足以立四极，杀黑龙以济冀州，积芦灰以止淫水"，最终征服自然灾害。对于偶像"英雄之旅"的描绘，叙述者通常借助创设情境的操作手法来完成，通过渲染、夸大的方法努力创设出一个以"蜕变"为关键词的情境，书写偶像的变迁，强调变化，突出偶像不断成熟强大，日臻完美。这种情境具体表现为偶像开拓演艺事业，尝试新演艺方向时的自我颠覆与突破。叙述者通过全景式的描述与回顾，展现偶像发展过程的关键节点，突出偶像的奋斗历程与发展轨迹。李宇春出道至今，已从一个选秀歌手发展成为超级偶像，在主攻歌唱事业的同时，她还开始涉足电影、话剧、选秀评委等领域，《LEE周刊》记录下了李宇春"开拓进取"、一步步超越自我的历程。《"票房灵药"是怎样炼成的　李宇春个唱大卖全揭秘》《皇后为谁狂》《李宇春长红之谜　后冠军时代》《票房女王缘何而生　演员的自我修养》《上帝高定时尚宠儿　李宇春时尚蜕变记》《李宇春八年商演大盘点》等封面报道均以时间为序，以盘点为手法，强调偶像的付出与努力，展现了李宇春不断摆脱青涩、迎接挑战、形成自我品牌的历程。在全面盘点李宇春个人演唱会时，叙述者"试图用文字将她这七年的演唱会历程加以梳理总结，希望能借此理清她的成长轨迹，也试图给疑惑她演唱会为何永远火爆的人们，答疑解惑"。文本选择了2006年至2012年的

11场演唱会，分别以"梦想的启程""巨星的加冕""探索的开始""模式的确立""巡演的初啼""经典的成就""形态的转折""标杆的设立""虐心的极致""'WhyMe'的变身""妖孽的诞生"为子标题，勾勒了李宇春7年间独属个唱品牌从无到有、从初尝试到确定风格、从一般到独特的发展历程，对其个唱之旅进行了全程揭秘。相似地，对于李宇春的电影演员、话剧演员、快男评委等旅程，《LEE周刊》也做了相应的解析，以转变为主题突出了偶像魅力值的不断飙升。通常，粉丝叙事中的"英雄旅程"还表现为粉丝方对自我身份的缝合与完善，正如本章"粉丝的文本生产力"所分析的那样，粉丝从偶像处汲取能量来应对现实生活中的各种难题，实现自我的超越，在此不再赘述。

"风格是话语典型的、可变的结构特征的总和，这些特征显示了在某一特定的语义、语用或情境中说话人的个性和社会语境的特征。"① 叙述者借助三部曲叙事功能的铺陈，最终通过英雄原型的隐喻来强调偶像对于粉丝的强大作用力，以此形成了粉丝叙事"隐性"且稳定的内在叙事结构。

粉丝叙事的现实语境

评判一项叙事活动成功与否的维度有很多，如可以从叙事语言、叙事节奏、叙事效率等来衡量一个叙事作品的好坏，但显然这些评判维度都与叙述者本身的叙事能力与水平有着直接的关联。叙述者所占有材料的多少决定了叙事层次是否丰富、叙事内容的准确与否、叙事效果的好坏。所以要成为一个好的

---

① 托伊恩·A.梵·迪克.作为话语的新闻.曾庆香，译.北京：华夏出版社，2003：75.

叙述者，首先要能对叙述对象有着充分、深入的认识，要尽可能多地占有叙事材料。其次，叙述者自身对叙事手段、叙事技巧与方法的掌握程度也直接影响着最终文本的呈现效果。一个好的叙述者总是一个善于讲故事的人，善于巧妙地运用叙事技巧，在受众不知不觉中完成一次次的叙事活动。那些原本只要通过阅读报纸、查阅期刊、收看电视的"受述者"自觉要求转变自我角色，承担起叙述的重任，依托于当下的媒介技术环境展开叙事可以相对容易地实现，但如何有效、成功地叙事是叙述者需要更为关切与解决的问题。

1. 粉丝知识社区的形成

个体的知识水平、信息量是各不相同的，一旦这些散状的个人智慧汇聚成集体智慧，那么其能量就会有一个明显的提升。皮埃尔·莱维说，在互联网上人们利用各自的知识专长来达到共同的目标，形成了一个利用集体智慧的知识社区①。高度发展的互联网为粉丝知识社区提供了"沃土"，在实体空间，各自离散、孤立无援的粉丝在虚拟空间相遇后迅速集群，自发地建构内在的组织机构和框架，如QQ群、粉丝会、百度主题贴吧。有学者以结构方程模型为工具对"粉丝"这一特定虚拟社区成员的虚拟社区参与活动进行了分析，发现"粉丝"们与其他虚拟社区（比如说校友论坛或博客、专业技术论坛）成员不同，他们参与虚拟社区活动的目的就是了解明星、维护明星形象，而不像其他虚拟社区成员参与社区活动的价值感知可能是为了维持人际联系。②

---

① 亨利·詹金斯. 融合文化：新媒体和旧媒体的冲突地带. 北京：商务印书馆，2012：61.
② 林志扬，方志斌. 价值感知对虚拟社区成员参与期望的影响：一项关于明星"粉丝网"的研究. 经济管理，2011（6）.

粉丝知识社区的形成为粉丝叙事提供了良好的基础，保障了叙事的有力进行。知识社区的核心在于知识的分享与传播，所谓的知识是有关偶像的各种信息，是一种广义意义上的理解。粉丝之间主要通过交流看法、提供资讯、答疑解惑、共享资源等活动来实现知识信息的流通。交流看法，即同好之间彼此表达自己对偶像的各种观点与看法。对于"为什么喜欢李宇春"这类问题的互动能让粉丝之间有个初步的认识，在深化偶像意义时寻找到知音。提供资讯，社区内部粉丝获取信息的可能与能力是不同的，有些粉丝凭借自身条件和优势占有、获得的信息相对较多，而通常这些粉丝也乐于借助于集群部落的平台与其他粉丝共享，并进行互动交流。答疑解惑，粉丝之间入迷的程度、对偶像的知晓了解程度因人而异。在社区部落中往往会有粉丝就有关偶像进行各方面的提问，因而会出现彼此激烈讨论的情景，粉丝之间迷思性的火花彼此碰撞。共享资源，在集群开放的共享环境中最大化实现资源的有效利用。一般论坛中，每个 ID 都对应着"头衔、贡献度、发帖量、加入时间"等几项基本信息，社区活动参加得越多，与他人分享的信息越多，互动越密切，其头衔即级别会上升得越快，所获权限也会越大。

华语歌迷第一刊《LEE 周刊》的诞生正是得益于这样的知识社区。根据对贴吧、微博超过 5 000 个样本的调查以及《中国广告》上登出的商业调查数据来看，"玉米"分布有如下的特点：第一，以 15～39 岁的中青年居多；第二，全国各地均有分布，广东、北京、长三角、四川人数众多；第三，微博上男女比例约为 1∶3，而在搜索引擎以及线下，男女比例差距并不明显。他们通常在百度第一吧——李宇春吧里，相互交流、分享信息，已经形成了一个看似松散但内在情谊十分坚固的社区，为这一新闻品牌的打造与推动提供了直接的基础。此外,《LEE周刊》重视叙述者本身的素质、修养,根据入职统计,《LEE周刊》的编辑们来自五湖四海,生活在北京的编辑最多,其次是上海、浙江、广东、四川等地。编辑们的主要年龄在20~30岁,96%以上的编辑拥有本科或以上学历,且大多拥有媒体相关工作或实习经验,其中97%的编辑是"米龄"超过六年的铁杆"玉米"。《LEE周刊》虽然不是正规媒体,却一直以正规媒体的标准要求所有编辑:实行责编负责制,有媒体工作经验的责编既要保证稿件质量,又要负责自己的小团队管理。每一位编辑进入《LEE周刊》之前都被要求提交简历或作品,经过专业考试与线上约谈、审核。编辑部内部隔一段时间,就会进行阶段性回顾和评估总结,不能按照要求完成工作的编辑会予以劝退。这样,以个体参与为基础、以网络社群空间为载体、以对偶像之爱为纽带,汇聚成群体智慧,形成线下相互离散、线上互动密切的知识社区,保障了粉丝叙事的顺利展开,也正因为这样情感共同体的存在使粉丝叙事从一开始就旗帜鲜明,有着与众不同的叙事特色与叙事风格。

2. 重塑粉丝形象

福柯曾将人与世界的关系定性为一种话语关系,因为话语是人们认知世界的基础,人们通过话语来表达、传播、认识、改造自己和外部世界。但因为权力、地位、所占资源的不同,每个人并不具有同等话语表达的权利,那些大量占有政治、经济、文化资源的统治阶层掌握着媒介资源的主要控制权,他们在信息采集、制作和传输的过程中占据绝对优势。媒介内部,社会传媒以"新闻价值"为标杆判断谁的声音被凸显、谁的声音被弱化。朱莉·詹森曾总结过粉丝大量地以"着魔的个体和歇斯底里的人群"的面貌出现在学者的研究中,那些热烈展露自己情感的粉丝被塑造成"他者",是与主流意识形态所背离的群体。当前,传统的主流文化和意识形态长久地垄断着我国的大众传媒,它们对于粉丝亚文化的再现及粉丝群体形象的塑造往往有所偏颇,"狂欢"与"规制"成为大众传播媒介再现粉丝亚文化时的关键词①。2005 年选秀节目《超级女声》将粉丝带入前台,大众传媒开始关注到粉丝热情、粉丝文化迸发的内在力量以及其对主流文化的冲击与抵抗,但整体而言,这个标榜个性张扬、推崇天性解放的亚文化族群在媒体报道中多被等同于疯狂的、不够理性的,甚至是社会秩序的破坏者。"嗅觉灵敏"的大众传媒善于"以小见大""将特殊化为普通",不可否认,在粉丝群体内部存在着部分极端粉丝,他们过度依赖于偶像,放任自己的崇拜之情,会做出一些不得当的举动,一旦出现这样的典型,媒体会予以关注,将这类行为定性为"疯狂""非理性",甚至用疾病来隐喻。定性后,媒体还会从量上来强化,通过所谓的盘点,罗列过往出现的各种有悖常规的行为,题如"粉丝们的疯狂行径""容祖儿被粉丝示爱 盘点疯狂粉丝们的雷人之举""疯狂粉丝何时不再疯狂?"的报道都通过确定病症、大规模盘点为全情投入的粉丝们贴上"疯狂"标签,同时也为他们装上消音器,粉丝群体的声音总是被有意无意地排斥、忽略了。媒体习惯以主流文化及其意识形态为出发点建构起粉丝亚文化的报道角度和阐释框架,通过一系列的媒介方式,在凸显极端粉丝事件的相关方面的同时,有意识忽略了个案的背景和土壤中包含的社会结构性冲突和矛盾。如此媒体话语的累积使公众默认粉丝就如媒介再现的那样是躁动的、非理性的群体,招致他人反感。一味地强调粉丝作为"他者"的特别会加深粉丝群体与社会整体的隔阂,甚至将粉丝推至对立面,一定程度上而言,"6·21 爆吧""6·9 圣战"等事件的

---

① 杨培. 粉丝亚文化再现与媒介话语权. 浙江传媒学院学报, 2013 (4).

导火索正是这种粉丝形象的刻板印象化。事实上,粉丝并非完全疯狂、不理智,一旦深入他们的世界,就可发现这一族群有其存在的合理性与独特性。

以粉丝为主体创作、发布的粉丝叙事作品是对长久以来粉丝刻板印象的回击,在帮助塑造偶像形象的同时也在重塑粉丝族群的形象,不同的是,偶像的形象更多的是通过叙事内容、叙事手法而传递出来,粉丝群体的形象则是通过叙事活动的本身而得到展露。第一,粉丝们非疯狂无理性,恰恰相反,叙事活动的有效展开从正面证明了他们的能力与特质。媒体始终游离于粉丝族群之外,他们无法理解粉丝深沉的爱,更难以采取认同态度,这就导致粉丝们任何一个举动都有可能被判定为超乎寻常,都有可能成为证明他们不理智的例子,粉丝攒钱去看演唱会、粉丝千方百计去接机、粉丝一遍遍观看偶像电影不断刷新票房……这些在族群内习以为常的行为在族群外被非议被讨论。粉丝叙事给了他们一个自由表露内在情感的平台,从一开始就不回避自己是粉丝的立场,他们能够自剖心路历程,缓缓诉说入迷的内在原因。《LEE周刊》里叙述者自陈喜爱上李宇春的原因与努力,并对粉丝圈内的实践活动做了勾勒,如参加演唱会、刷票、大量购买专辑等,粉丝们对这些被外界过度解读的行为"发声"甚至是澄清。正如《南都娱乐周刊》中《粉丝的自我修养》一文所说的,粉丝、粉丝团代表的是一种向上的力量,是普通人渴望超越生活的体现。来自粉丝自身的叙述表明粉丝对于自己的举动有着清晰的了解和认知,追星是他们自我认知的一个外延表现,他们投入其中是为了汲取力量,不断提升自我,这样的认知显然不是非理性的。第二,他们非无组织无纪律。新闻媒体总是对新奇、独特的事件嗅觉特别灵敏,相比于事务的一般常态,异化变形更容易让新闻采编者兴奋与激动。对待粉丝,他们更是如此,他们选择性地忽视

> 粉丝叙事给了他们一个自由表露内在情感的平台。

粉丝群体的那些得体行为,当个别人或者个别情况出现了行为失范,他们也不会花费时间、精力来追本溯源,却往往立刻将粉丝归为自私、没有社会公德者之列。如 2013 年 6 月 20 日,贝克汉姆访问同济大学,因围观人数过多,场面失控引发踩踏事件,粉丝成了事故的"罪魁祸首":《小贝到访同济引粉丝疯狂 发生踩踏至少五人受伤》[①],鲜有媒体对主办方的准备工作、现场管理、安保措施追问,也忽略了事故发生后,现场粉丝自发维持秩序等行为,这就造成了再现的偏差。如上文论证的那样,粉丝叙事是一项集体性行为,不仅需要群体内部的协调,也需要能够和外部世界进行有效沟通,为了最大地实现叙事的效果,他们是有效组织的,并通过无形的组织化实现组织化地传播与互动。第三,他们非社会秩序的破坏者。与西方国家相比,我国粉丝文化的发展速度显得更为激进与迅猛,因社会历史文化等客观原因,追星族直到 20 世纪 90 年代才开始渐成一种社会现象,随着社会开放程度的日益提高、文化产业的日益发展、文化产品的日益丰富,粉丝数量极速地累计增长,粉丝行为也日趋张扬大胆,他们对于强调含蓄内敛的传统文化的冲击显而易见,容易被归为"异类",与社会格格不入。粉丝无意破坏传统,更无意脱离主流社会而自成一派,他们部分地接受了社会的规训,如粉丝叙事中注意传递人与人之间相互关怀的主题,《LEE 周刊》每期设置"公益"版块,进行"玉米"义工活动统计,每月更新"玉米"公益的开展情况,可见,主流价值观强调的互助友爱也是粉丝们所极力追求的。

进一步地,粉丝形象的成功重塑是偶像影响力的一种直接体现,粉丝视偶像为"英雄",将自己从平淡无奇的生活中解救出来,粉丝的形象与偶像的影响力成正比关系,偶像越是能

---

① 搜狐网. https://sports.sohu.com/20130620/n379379673.shtml.

给粉丝正能量，粉丝的自我救赎往往越彻底、改观也就越大，从侧面展示了粉丝文化作为亚文化的一个种类对于主流文化是一种有力的补充。

3. 建构新型的偶粉关系

有学者将追星入迷称为"越界的狂欢"，这主要在于一旦粉丝过于专注地迷恋某一对象就会容易含混现实和虚幻的界限，无视"台上"和"台下"的真实距离，而会不自觉地把偶像当成自我生活的必需品，引发内心强烈的靠近欲与占有欲，最大化地接近偶像，尽可能多、尽可能全地占有偶像信息。这种心理不断堆积就会朝病态方向发展，使粉丝行为走向失范的边缘，发生像杨丽娟事件和令偶像又爱又恨的"私生饭"等极端现象。"私生饭"是偶像艺人独有的狂热粉丝，他们每时每刻跟踪、偷窥、偷拍自己喜欢的明星的私生活。人气越高的明星，"私生饭"就会越多。"私生饭"们抛弃自己的正常生活，偶像是生活的唯一关键词，人气组合 EXO 成员黄子韬就曾因为饱受"私生饭"骚扰而咆哮，并通过微博表达了自己气愤的心情："我实在是受不了半夜三更一直给我们打电话的、一天到晚发短信发 kakao 的、不管去哪里都要偷偷跟着的那种人，有意思吗？我很讨厌别人来打扰我的生活！我不是罪人！出去不是去犯法！我只想工作完了可以安静地休息，有属于自己的空间！而不是像现在这样！"显然，"私生饭"对其私生活的骚扰已经严重影响了偶像的日常生活，因为深深的热爱而行为极端化、偏激化的现象成为粉丝与偶像关系中的"不稳定因素"，粉丝因投以满腔的爱却得不到理解而苦闷，偶像又因这样的失范打扰而备受折磨。如何用正确方式爱偶像成为横在粉丝和偶像之间的一道难题。

粉丝叙事对两者关系的理解起到的是一种示范作用，为难题做出了解答。

首先，粉丝叙事强调粉丝与偶像两者界限，偶像只是粉丝生活中的一个元素，追求明星也只是普通人平凡生活的协奏曲而不是主旋律，粉丝应该学会"从偶像身上汲取正面能量，把各自的生活过得有滋有味，充满趣味与阳光"，这是《LEE周刊》中所一再强调的，并得到了很好的体现。每月一期的杂志根据内容可以大致分为两类，一类和追星有关：记录李宇春的各项活动资讯、展示"玉米"与偶像的互动等；另一类和日常生活有关，开辟了大量生活资讯类栏目，如理财、求职等，这些都和粉丝的现实生活息息相关，还有根据李宇春巡回演唱会所到达城市站点制作的精良的城市游玩攻略，如此种种都是在引导"玉米"们，追星之外更重要的是能充分享受自己的生活。"那份爱自然还在，但绝不是生活的全部。就像每年 WhyMe 的约定还在，但已经不只是去看一场演唱会那么简单。各地因为她而相熟的玉米们借着演唱会的机会相约见面，一起制定旅游路线，一起游览当地名胜古迹，品尝风味美食。我们不只为了演唱会漂洋过海，更因为想看看我们的朋友，享受旅行的乐趣，体味从追星中收获生活的小细节与小感动。待到蓦然回首时，会发觉在匆匆流逝的日子里，原来我们也是收获满满。"

其次，粉丝叙事将粉丝们的注意力牵引到偶像的工作中，呼吁将关注点回归到其演艺技能本身。当个体在粉丝的道路上越走越远、越陷越深时，愿意投入大量时间、感情于偶像私人生活的挖掘，极端如"私生饭"。这样的崇拜只会给偶像带来窒息感，严重者可能会加深两者隔阂，促成粉转黑等情况。粉丝叙事聚焦于偶像，但自觉地撇开八卦绯闻，强调偶像作为歌手、演员、艺人的才能特质。《LEE周刊》的成功推出正是基于对"玉米"视线的有效牵引：将所有的关乎"疯狂"的热情都投入与李宇春工作相关的事件上——"离她的生活远一点，离她的音乐近一点";"这几年,自己能做的,就是与她的音乐为伴,去看她的演唱会并且尽力不缺席";"做她生活的平行线,做她音乐的同心圆"。

最后,粉丝叙事注重粉丝内心情感的表露,借同好真情实感的流露在群内引发共鸣:"她让我们有了最重要的改变:专心而积极地经营好自己的生活,感受并关心自己内心的成长,将每一天过得精彩充实。在与她相守的日子里,我们学会了生活,更丰富了自己。"如此的"现身说法"具有示范效应,引导粉丝个体树立健康的追星观。

粉丝叙事彰显了粉丝自我控制、自我教育、自我延伸训练的自我修养,粉丝与偶像是独立的个体,粉丝并不隶属于偶像,只有出于原始冲动的直觉崇拜,才是建立最初的崇拜文化的基础。

"每种杂志、报纸和漫画都有它自己的惯例和风格。但是在这些惯例之间并通过它们,却形成了一种协调一致的努力,以用来赢得读者认可,并为其塑造出一系列特定的价值观。"①《LEE周刊》虽是电子出版物,但也需要形成自己特定的风格来获得粉丝群体内外的认可,本文以该刊为典型考量粉丝叙事行为在具体叙事形式上的独特之处,并试图回归现实语境,从更为宏观的视角考察这一类叙事活动对于粉丝亚文化的意义与作用。

粉丝叙事首要鲜明的特点在于粉丝由过往被动的受述者转变为主动的叙述者,一方面他们掌握了叙事的主动权,可以摆脱受制于传统社会媒体的状态而叙事,彰显了粉丝的文本生产力;另一方面他们需要通过努力来塑造自身的叙事权威,使受众信服,这就涉及叙事层面的研究。粉丝叙事的报道借助叙述

---

① 安吉拉·麦克卢比.《杰姬》:一种未成年少女的意识形态.徐艳蕊,译//陶东风,胡疆锋.亚文化读本.北京:北京大学出版社,2011:221.

声音的强化与凸显,发挥了叙述者的干预功能,同时又通过双声话语的技巧手段"以退为进"地实现了自身的叙事目的。在叙事结构方面,由"危机—入迷—突围"串联的三部曲叙事模式暗含了对英雄原型的借用,如此的借用实则与叙述者想要构建的偶像形象紧密关联,以原型来隐喻崇拜的偶像,这就使叙事增加了厚度,也更充满立体感。这些独特的叙事方式与惯例共同形成了粉丝叙事的叙事风格,风格的形成服务于偶像形象的建构,无论是运用何种叙事手段都是为了塑造他们崇拜有加的偶像,表现他们的特质:是行业的先锋,勇于突破,能为粉丝带来正能量,具有引导人心的力量,等等。这就打破了媒体的话语垄断,最大化地发挥了粉丝的主观能动性。

　　粉丝叙事的最终可行与粉丝知识社区的形成及内部高度的互动有极大的关系,正是基于粉丝群体已有的较为成熟的网络互动、信息获取,粉丝叙事才有可能实现。粉丝叙事对于建构偶像形象发挥了重要作用,并刷新了粉丝群体的社会印象,建构粉丝与偶像的新型二元关系。粉丝叙事打破了粉丝长期被附着的"疯狂""不理性"等标签,在"着魔的独狼"和"歇斯底里的人群"之外展示了一个高度组织化、恪守规则、遵守底线的群体形象;由此也倡导了一种全新的粉丝与偶像的关系,粉丝并不附属于偶像,除了粉丝情感的寄托与维系之外,在现实生活中,两者更应该是相互独立的个体,粉丝需要严格区分现实与虚幻的界限,过好自己的生活。就如费斯克所认为的,"粉丝"文化创造了自己的制作、传播体系,形成了一种官方媒介产业之外的"影子文化经济",给"粉丝"提供了建立自身社会认同、维护自身利益及功能的有效社会经验[①]。

---

　　① 比尔·奥斯歌伯.青年亚文化与媒介.王宇英,译//陶东风,胡疆锋.亚文化读本.北京:北京大学出版社,2011:348.

> 趣缘群体的形成是从简单的集聚通过交流和互动达成融合,而因自身独特的符号与其他群体有所区隔,这种区隔实际上又加深了趣缘群体内部的团结。

美剧迷与生活方式想象

进入21世纪以来，随着互联网在我国的迅速发展，美剧快速下载和广泛传播的时代到来。FOX公司推出的《越狱》，通过"BT下载"在中国网民中爆发了前所未有的热潮，因美剧下载而自发形成的网络社区和网站涌现出来，包括美剧门户网站、美剧论坛、美剧社区、美剧字幕组等。虽然随着有关规范化政策的颁布①，美剧在中国的网上传播不再如最初时那样火爆，但美剧的热度从未衰减。在2016年11月15日，笔者打开百度搜索，以"美剧"为关键词检索，可以得到400万个以上的相关网页结果，以"美剧迷"为关键词检索，可以得到48万个相关网页的结果。而当2017年3月18日，笔者再以此关键词搜索时，显示结果分别增加到1亿个和214万个。由此可见，网络上有关美剧的讨论从未停止。"天天美剧"、"美剧天堂"、"美剧吧"、搜狐和腾讯的"美剧"频道等令人应接不暇。可以说，美剧在中国的传播所催生出的文化现象，构成了跨文化传播的突出景观，也成为整个中国互联网上一个重要的文化景观。

对于数以千万计的美剧迷来说，观看美剧不仅是一种消遣娱乐的方式，而且是一种融入日常生活的文化实践，其最基本的形态便是接收过程中展开的各种话语活动。这种话语活动对

---

① 2014年4月，《生活大爆炸》《傲骨贤妻》等美剧突然下架，国家新闻出版广电总局通过官方微博回应，称这几部美剧有的无版权，有的含有不符合《互联网视听节目服务管理规定》（2007年12月国家广播电影电视总局、中华人民共和国信息产业部第56号令）第十六条的内容；2015年1月21号，国家新闻出版广电总局办公厅印发《关于开展网上境外影视剧相关信息申报登记工作的通知》，对诸如境外影视剧的网上申请流程、条件、时间、数量等都做了明确的规定及要求；2015年4月1日起，《关于进一步落实网上境外影视剧管理有关规定的通知》（"限外令"）正式实施，未经登记的境外影视剧不得上网播放；2015年7月22日，《生活大爆炸》第八季回归，该剧是自"限外令"后全网首部拿到许可证的美剧。

"他者"文化做出反应,形成了"相互理解的文化主体间性"①。这当中,因文化差异而激发出的矛盾、协商、认同等文化关系,促成了隶属于不同文化系统的符号相互之间的交换,创造出一种共享的意义,从而松动、修改或解除"成长于其中的文化所带给他们的观念的绝对边界"②,美剧迷们在话语交流活动中展开了各种身份认同的实践③。那么,美剧迷基于趣缘的空间如何构成?美剧迷如何在交流活动中进行身份认

人人美剧网首页(截屏)

---

① 单波,薛晓峰.西方跨文化传播研究中的和谐理念.国外社会科学,2008(6).

② 吴予敏.跨文化传播的研究领域与现实关切.深圳大学学报(人文社会科学版),2000(1).

③ 邓惟佳.迷与迷群:媒介使用中的身份认同建构.北京:中国传媒大学出版社,2010.该书作者对美剧迷的个体认同、群体认同、文化认同进行了全面的探讨.

同？在此过程中形成的文化是否与特定的生活方式相关联？这些是我们接下来要研究的主要问题。

美剧迷的跨文化接收

我们选取豆瓣小组"The Big Bang Theory 生活大爆炸 TBBT"（以下简称"《生活大爆炸》豆瓣小组"）作为个案分析。之所以选择《生活大爆炸》的粉丝在豆瓣上开辟的社区作为研究的个案，出于以下几个方面的考虑。其一，该剧集多取材于日常的生活，轻松幽默地展现亲情、友情、爱情等共通的情感，在文化上极具美国特性。其二，《生活大爆炸》自2007年7月在美国开播以来，在中国迅速赢得了大量拥趸，能够反映中国美剧迷的"常态"，截至2019年5月，《生活大爆炸》在中国公开播出12季，共279集。其三，《生活大爆炸》豆瓣小组作为美剧迷的社区性网络空间极具代表性，与其他BBS功能的论坛相比，《生活大爆炸》豆瓣小组创建时间更早，于2007年11月27日创立，仅比该剧在美国首映时间晚两个月，用户黏性更高。截至2016年09月08日，《生活大爆炸》豆瓣小组粉丝量高达88 508人次，小组内产生了大量的粉丝交流实践的文本材料。笔者是《生活大爆炸》的忠实粉丝，对剧情和人物十分熟悉；同时，从2015年7月至2016年9月，笔者一直观察《生活大爆炸》豆瓣小组，获得了粉丝交流实践的第一手资料。因此，本文将选取《生活大爆炸》豆瓣小组作为研究的对象。

美国社会学家欧文·戈夫曼的"表演理论"将人与人之间的互动行为视作一种表演，将社会生活视为一个大舞台，并把它分为前台和后台。前台是做出表演的场所，人们通过各种行为向他人呈现自我，维持和体现某些标准的外观；后台是个人表现真实身份的地方,可能构造各种假象与印象。在某种程度上,我们可以把美剧迷在网络上的交流实践视为前台,真实的日常生活视为后台,当前台身份和后台身份趋于一致时,美剧迷的自我认同才得以建构。戈夫曼强调的表演是个体不甚留意或没有加以控制的流露,意在探究包含在广泛的行动之中的隐含的意义以及对这部分表现加以控制的技巧。

在受众的表演与身份认同的勾连上,英国学者 Abercrombie 与 Longhurst 在 1998 年提出的"观展/表演范式"(Spectacle/Performance Paradigm,简称 SPP,或译作"奇观/表演范式")为我们的研究提供了一个可资借鉴的理论框架。观展/表演范式部分地从抵抗/收编范式(Incorporation/Resistance Paradigm,简称 IRP)发展而来。抵抗/收编范式的核心是对权力的不平等分配的关切,主要考虑的是受众成员在参与媒介活动时,到底是被主导意识形态收编还是对收编进行抵抗。观展/表演范式则注意到,随着受众的构成方式以及对媒介文本的反应变得更多元和不可预测,受众反应已经不能仅仅被描述为抵抗或顺从。为此,观展/表演范式提出了扩散受众(Diffused Audience)的概念,指出:第一,人们花大量的时间进行媒介消费;第二,媒介渗透到日常生活,人们难以避免地受到影响;第三,当代社会是一个表演的社会,很多人类活动都包含了表演;第四,扩散受众是由观展与自恋的相互影响、相互增强的循环形塑而成。通过"扩散受众"与观展、自恋、想象、媒介渗透等联系起来,观展/表演范式将重心放在对受众主动的媒介使用行为以及带来的自我身份建构的关注,揭示当代社会是一个观展社会,人人兼具观看者和表演者的身份,人们通过媒介影像进行表演,把自己呈现在他人面前,想象别人如何看待他,在自我观照、反思和修补中建构身份认同。在我们看来,美剧迷是典型的"扩散受众",他们深受媒介影像的影响,并在媒介空间中进行表演,想象别人眼中的自己,建构身份认同。这为我们探讨美剧迷交流实践与身份认同建构提供了观察和分析的思路。

同时,我们从生活方式的角度来分析美剧迷的接受话语,探讨其具体的构成。"生活方式"是一个具有不同哲学、社会学内涵的概念。在马克思那里,"生活方式"与"生产方式"呈现出高度一致性①,而维特根斯坦则以生活方式来指代整个人类社会和整个民族的人们行动中出现的并历史性地承传下来的习惯、习俗、风俗、传统、制度以及人们的行事方式的整体,或一个相对独立的社群的行为总和,因而可视为人类社会总体行为方式和制度的一部分②。将这个概念与文化的理解和分析紧密结合起来,则始于雷蒙德·威廉斯,他指出文化是"一种物质、知识和精神构成的整个生活方式"③,以生活方式来定义文化,开启了文化研究关注生活方式的言路。雷蒙德当时给出这一论断表现出对抗精英主义文化思想,矫正贬抑大众和否定大众文化(popular culture)的倾向,而朝向源自马克思的"共同文化"的理想目标④。而当丹尼尔·贝尔在谈及资本主义文化矛盾时,则注意到"大规模消费意味着在生活方式这一重要领域,人们接受了社会变革和个人改变"⑤,生活方式的改变进入后现代社会哲学、社会学和政治学的视野,并给

---

① 康渝生,栾广君.从"现实的个人"到"真正的共同体":马克思生活方式理论的致思轨迹.理论探讨,2014(6).
② 刘森林.生活方式与语言意义:后期维特根斯坦语言哲学探讨.江西社会科学,2013(11).
③ 雷蒙德·威廉斯.文化与社会.吴松江,张文定,译.北京:北京大学出版社,1991:21.
④ 赵金平.文化是一种整体的生活方式:雷蒙·威廉斯大众文化思想探析.理论探讨,2015(2).
⑤ 丹尼尔·贝尔.资本主义文化矛盾.严蓓雯,译.南京:江苏人民出版社,2007:123.

文化研究带来新的理论视角。布尔迪厄对习性、趣味和文化资本的研究，鲍德里亚对消费社会的论述，都为在消费文化语境中探讨生活方式的问题提供了思想的源泉。迈克·费瑟斯通将个体的消费与审美趣味和身份认同连接起来，强调在当代消费文化中生活方式的概念蕴含了"个性、自我表达及风格上的自我意识"①。安迪·班尼特则指出生活方式与个体的欲望相关，认为它"承认商品作为文化资源发挥作用的各种方式的意义是从日常生活层面、通过对集体意义的铭刻产生出来的"，并且将"可以激活个体消费者创造欲望的自反性，归结于个体方面积极参与或再造他们形象和身份的一种欲望"②。这表明，生活方式概念指向了消费文化情境中人们日常交往的实践，如英国学者钱尼所指出的那样，"生活方式"所关切的是，"不同的事物或进程因为分享某一特定的事物而积聚在一起，产生出共同的身份意识，而这一分享活动既是机制的设定，又是话语的表达"③。而美剧迷在媒介空间发生的话语活动，在根本上与特定的生活方式相关联，人们从中可以看出有关生活方式的想象是如何被激发的。

作为媒体的 TBBT 小组

豆瓣网创立于 2005 年，是集合了博客、交友、小组、收藏于一体的新型社区网络，提供书籍、电影、音乐等作品信息。目前的主要频道有：读书、电影、音乐、同城、小组、阅

---

① 迈克·费瑟斯通.消费文化与后现代主义.刘精明，译.南京：译林出版社，2000：83.
② 安迪·班尼特，基思·哈恩-哈里斯.亚文化之后：对于当代青年文化的批判研究.中国青年政治学院青年文化译介小组，译.北京：中国青年出版社，2012：17.
③ David Chaney. Lifestyles. London：Routledge，1996：9.

读、FM、东西、市集等。其中，"小组"频道和百度贴吧类似，是基于不同小众兴趣建立起来的论坛集群，有以不同种类的书、电视、电影、事件等命名的小组，各小组内的话题非常丰富，涵盖了特定主题的方方面面。整个"小组"频道的流量占领了豆瓣总流量的三分之一①，可见其活跃度之高。相比其他网络空间，豆瓣的核心用户群是具有良好教育背景的都市青年，包括了白领人士及大学生，这与美剧的主要收视群体的身份特征更为相符，所以挑选豆瓣小组作为研究美剧迷的社群空间具有其代表性。下面主要从社区性、交往性、话语性三个方面研究《生活大爆炸》豆瓣小组粉丝活动的空间特点。

《生活大爆炸》豆瓣小组的粉丝空间，是典型的趣缘群体的集聚。所谓趣缘群体，是指一群对某一特定的人、事或者物有持续兴趣爱好的人，主要借由新的媒介技术和传播手段进行信息交流、情感分享和身份认同而构建的共同体。② 对小组粉丝来说，出于喜欢《生活大爆炸》的演员或喜剧类型或传达的生活方式等原因，产生了表达和交流的欲望，通过新媒介技术而在网络上聚集，这种聚集突破了现实社会群体分类构架中"身份""地位""外貌"的限制，而仅仅以"兴趣"为根本条件和构架基础。③ 正是这种以兴趣为基础的聚集，通过沟通和交流，群体内部达到各个方面的融合，至此，趣缘群体才算真正形成。

1. 集聚

从《生活大爆炸》粉丝趣缘群体形成的过程来看，新媒介技术的发展是形成的前提。借助媒介搜索和在线讨论的功能，

---

① 郑悦. 专访杨勃：豆瓣的去中心化之路. 和讯网. http://tech.hexun.com/2008-04-12/105187869.html.
② 陈霖. 粉丝媒体的空间意义. 中国青年报，2014-11-10（2）.
③ 谢玉进. 网络趣缘群体与青少年发展. 中国青年研究，2006（7）.

具有相同兴趣爱好的人才得以聚集。粉丝进入豆瓣搜索相关信息时,可以发现多个与《生活大爆炸》相关的小组,选择特定小组浏览或加入。在此过程中,有的粉丝进入小组后只是"潜水"观察并未产生互动,也有的参与迷群交流,在信息的交换中消除不确定性。其实,在豆瓣小组栏目内,与本文的研究对象"The Big Bang Theory 生活大爆炸 TBBT"小组同类型的社群并不少见,在分别以"生活大爆炸""TBBT""The Big Bang Theory"等关键词在豆瓣上搜索时,显示有 20 个以上的同类型小组,但小组内粉丝数较少(均在 2~59 人之间),组内鲜有讨论,大多数已经停止更帖,并没有形成真正的趣缘群体。而在我们所研究的小组内,人数高达 88 508 人次,帖子总数量达到 10 161 条,是一个异常庞大的讨论社区,小组成员在此空间中不断丰富讨论也反映出趣缘群体"持续兴趣爱好"的特点,使得社群葆有活力,同时在此过程中创造出的文本又增强了社群对非小组人员的吸引力,使得这个粉丝空间越来越大,集聚越来越多的粉丝。

《生活大爆炸》的粉丝在豆瓣小组集聚,他们跨越了地理边际、阶层区隔、民族差异,以共同兴趣为前提展开讨论,这种集聚具有一定的稳定性。但同时,这种集聚又可能是不稳定的,随时有人会离开小组,又有人进入。如何让流动的群体稳定下来,这就需要集聚在空间的粉丝真正地参与互动交流,实现各个方面的融合,才能对群体产生认同感。

2. 融合

前文谈到,简单"集聚"可能还不足以形成真正的趣缘群体,在这一相对固定的社区内,随着交流实践的不断深入,粉丝对美剧《生活大爆炸》的剧情、人物、价值观、周边产品产生了持续不断的兴趣,从而创造出交流的文本、产生了共享的意义，这里包含了技术手段、媒介产品、媒介信息的融合，也包含了社群对"迷"身份的认同，实现文化、情感上的融合。

从各个成员的命名来看，群主给每个加入的成员都设置了一个集体身份"Nerds"。实际上，这个命名带着身份认同的意味。《生活大爆炸》是一部以物理科学家为主角的科学喜剧，剧中人物有理科生的木讷、呆板和严谨，所以他们自称"Nerd"（呆子、神经质），这与现实生活中很多"宅男""宅女"的个性是吻合的，也容易让粉丝产生共鸣。在小组主页，"浏览该组成员"变成了"浏览全部Nerds"，于是加入小组的每一个粉丝也都是Nerd，他们不仅有一个共同的身份：美剧迷，还有一个更具体的身份：Nerds。这个共同称呼不仅是对族群的认同，还暗含着对剧中人物的认同，一下子就拉近了彼此的距离。而这仅仅是最初步和最表面的，在往后互动和交流中，这种融合愈发显现。

就个体而言，粉丝在交流剧情时，会融入自己的理解，这种自我表达就是个体融合各种经验的过程。如粉丝"华小隐"在讲述剧情时，解读了谢耳朵（也称"谢尔顿"）和莱斯利产生矛盾的原因，还用渡边淳一的理论分析了谢耳朵为何抗拒性需求等等，在讲述过程中，描述剧情又引经据典，融入了自己的生活体验，粉丝产生了一套自己的理解体系。就群体而言，他们所代表的是中国文化，美剧代表的是一种美式文化，他们在个体融合各种经验的基础上，再经过交流和沟通，最终就产生了一种独特的文化，这种文化兼有中美文化的特质，还加上了粉丝个人的文化体系，实现文化的融合。"族群的这些活动，使区隔的空间变成融合的空间，形成某种情感的共同体。这种融合空间，不仅是情感的共同体，而且是融合文化的共同体。"①

---

① 陈霖. 新媒介空间与青年亚文化传播. 江苏社会科学，2016（4）.

3. 区隔

有时，这种区隔是刻意保持的。为了维护趣缘群体内部的"相对纯洁"，管理员对进入小组设置了一定的准入机制。如点击"加入小组"的按钮，弹窗就会显示："小组管理员需要验证你的身份，请输入你的请求信息……"在研究者参与式观察的过程中，第一次申请请求时因没有填写留言而未获通过，第二次填写了表达对《生活大爆炸》喜爱的文字才得以进入。但这个准入门槛并不高，意在筛掉那些对《生活大爆炸》一无所知的人，防止他们进入社群之后发布不相关的言论。在后续的研究中，我们确实发现小组内鲜有广告帖，帖子内容几乎都与《生活大爆炸》或美剧相关，小组成员都在自觉维护着这个社群的"纯洁"性。

而这种围绕特定话题的讨论也就自然而然地造成了《生活大爆炸》粉丝社群与其他社群的区隔，这种内在的区隔更多地体现在语言符号的层面。群体内使用的特定术语、台词、隐喻、场景等，都是《生活大爆炸》粉丝群体区别于其他粉丝群体的标志。也许你对剧中人名有所耳闻、从社会媒体的传播中知晓剧中大热的道具如"叠衣板""谢耳朵服饰"等，但是你不一定知道佩妮和莱纳德结婚地点在哪、哪一集里拉杰跳了印度舞、哪一集里出现了中国元素这种细节的剧情。如果你不是《生活大爆炸》的粉丝，你很大程度上也不会知晓"梅毒驴子""克林贡语""bazinga"的意思，那么交流就无从谈起，这些话题已经自然地把《生活大爆炸》粉丝与他人区隔了，形成他们自己的符号和风格。

趣缘群体在共同兴趣的基础上形成集聚，通过交流和互动形成群体的融合。而这种交流和互动究竟意味着什么？集聚到融合的过程对社群关系产生了怎样的影响？

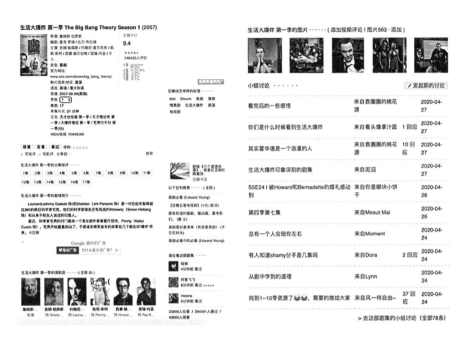

《生活大爆炸》豆瓣小组首页（截屏）

1. 社群中的人际交往：对群体的认同

人是社会动物，每个个体均有其独特之思想、行为模式及价值观，然而人际关系对每个人的情绪、生活、工作有很大的影响，甚至对组织及个人与组织之关系均有极大的影响。① 实际上，以上所说的交流和互动，都是在人与人之间的交往中产生，粉丝在豆瓣小组这个空间建立起了一种社会关系。如果按照"交流"的对象来分，则可以分为"人际交往"和"准社会交往"，前者加深了迷群的内部融合，后者深化了迷群对美剧迷身份的认同。

不同于供浏览的门户网站，豆瓣是一个鼓励用户参与的社会性工具。记录分享、发现、会友交流，这是豆瓣在用户网站

---

① 林建兰.论人际关系向度在互联网中的可能性表现.今传媒，2014（10）.

指南中对用户站内路径的指引，分别对应豆瓣导航的三大版块：品味系统（书、电影、音乐）、表达系统（我读、我看、我听）和交流系统（友邻、同城、小组）。豆瓣小组的初衷是鼓励用户之间就评论之外的话题进行交流。《生活大爆炸》豆瓣小组的社交网络是由《生活大爆炸》的兴趣点连接起来的关系网络，粉丝在帖子下发生互动，已经不仅仅是针对电视剧本身的讨论，还会涉及感受、生活、学习、价值观交流的方方面面。正如豆瓣产品经理所总结的："豆瓣模式的本质就是通过工具属性把用户吸引进来，通过社区属性把用户留下来。"①它提供了用户一种新的关系架构，使得用户与内容之间、用户与用户之间发生关联，内容与内容的关系也变得更为多样化。可以说，粉丝在编织内容网络的同时，也在形成复杂的人际网络。

> 粉丝在编织内容网络的同时，也在形成复杂的人际网络。

《生活大爆炸》豆瓣小组内聚集了来自全国各地包括海外的《生活大爆炸》粉丝，他们隔着屏幕就能进行实时互动和交流，达成了跨越空间的远距离交往，发帖人中不乏在国外的留学生。同时，这种交往也超越了时间的限制，虚拟社区中的传播实现了信息保存和文化延续，一篇去年发布的帖子也有可能得到当下的回复，重新延续话题，仿佛与过去的"他"对话，达成超越时间的近距离互动。正如有学者所言：基于 Web2.0 技术的网络虚拟社区并非冰冷的物化建制，它通过对时空距离的重构，创建了一种新型的社会互动模式②。空间与时间的矛盾在《生活大爆炸》豆瓣小组的空间内得到了某种程度的调和。同时，从豆瓣社区网状结构的特征来看，用户不是被圈定在某一个论坛或小组里，而是从自己的兴趣出发，多线索地编

---

① 张远. 豆瓣：成也精神角落，败也精神角落. 钛媒体. http://finance.eastmoney.com/news/1373,20160226598419776.html.
② 蔡骐. 网络虚拟社区中的趣缘文化传播. 新闻与传播研究，2014（9）.

织起自己的人际网络①。在小组首页,"友情小组"一栏中就出现了"老友记""天才爆炸英语""Howard @ The Big Bang Theory"等与该剧相关的其他小组,便于拓展人际空间。也有粉丝在小组内贴出了微博、QQ、MSN、淘宝等其他链接,引导他人进入其他媒介空间,实现空间的延伸。值得一提的,这种互动空间还从线上延伸到线下,《生活大爆炸》豆瓣小组的粉丝借助这一公共空间,发布征友信息以及线下活动,拓展了现实的人际关系网络。正是因为这种频繁的交流,粉丝逐渐融入这个群体,开始熟知小组交流的时间和方式,在交流中获得归属感。

有学者的一份研究表明:豆瓣网"连接的机制鼓励用户认识新的人,因此,豆瓣用户倾向于拥有更多的新联系。而与预期的一样,这些新联系也几乎都是弱联系"②。在加入小组之前,粉丝彼此之间大多是毫无交集的陌生人,仅仅是因为兴趣而集合起来,是一种典型的"弱联系"。弱联系组成的群体更容易获得多样化的信息,并将不同的网络碎片聚合在一起形成自己的认知。粉丝们可以浏览小组内的各类帖子,获得有关剧情、明星、播出时间等各种信息,各帖子下讨论的人也都是流动的。在这种状态下,群体成员之间畅所欲言,传受之间的界限变得模糊,持续的互动很快就能实现信息的沟通和共享。多回合的互动,使不断增加的信息也在一定程度上填补了"意义的空白",激活了"潜在的意义"③。而随着交往的不断加深,

---

① 彭兰. 网上社区个案研究之一———豆瓣网. http://media.people.com.cn/GB/40628/5773659.html.
② 张玮玉. 粉丝公众. 政见CNPolitics众包翻译组, 译. New York: Routledge, 2016: 124.
③ 罗自文. 网络趣缘群体中传播效果的价值转向:传播过程当论. 现代传播, 2014 (8).

这种"弱关系"结构也展现出向"强关系"转变的趋势,小组内粉丝不仅会在第一时间把与剧情相关的最新消息与其他粉丝分享,也愿意在谈论中将个人的生活场景、个人习惯等日常细节融入其中,呈现在公共空间供他人讨论。如粉丝"losangela"发帖表示肚子疼很虚弱,希望小组的成员能够唱"soft kitty"(剧中主角喜爱的一首曲子)来安慰她,回复中就有粉丝贴出了歌曲的音频链接。① 可见,由于趣缘族群内部的高频互动,对个体的卷入程度越来越高,个体渴望在迷群中获得他人对自我的关注。小组关系结构由"弱"转"强"的过程,也促成了趣缘群体的真正形成,而非简单的成员集聚。

2. 准社会交往:粉丝的自我认同

小组内的交往除了粉丝之间的互动外,还包括了粉丝与明星之间的"准社会交往"。"准社会交往"(Para-social Interaction)是 1956 年由心理学家霍顿和沃尔在《精神病学》杂志上发表的文章中提出的概念,用来描述媒介使用者与媒介人物的关系,即某些受众特别是电视观众往往会对其喜爱的电视人物或角色(包括播音员、名人、虚构人物等)产生某种依恋,并发展出一种想象的人际交往关系,由于其与真实社会交往有一定的相似性,所以霍顿和沃尔将其命名为"准社会交往"②。有粉丝发帖说自己"携 Sheldon 向大家拜年啦"③,"携"一词似乎暗示着自己与谢耳朵之间是亲密的朋友关系;还有粉丝"梦到谢耳朵是自己的男朋友",表示很开心,"怦然心动",仿佛和谢耳朵真的恋爱了一样。④ 这种"准社会交往"最多地出

---

① 豆瓣网. https://www.douban.com/group/topic/27877295/.
② 章洁. 准社会交往中青少年明星崇拜的研究. 当代传播,2009(1).
③ 豆瓣网. https://www.douban.com/group/topic/9898088/.
④ 豆瓣网. https://www.douban.com/group/topic/38310267/.

现在表达对主角喜爱之情的帖子中,如有帖子表示:当她得知Jim是Gay,她的心都凉透了,该粉丝表示非常喜欢谢耳朵,当知道他是Gay,觉得"五雷轰顶、神魂失壳、难以接受",下面的评论有问道"你把他想成你男朋友还是啥了",显然该粉丝已经把谢耳朵的扮演者当成自己身边的人了。① 在这类讨论中,剧中主角是虚拟的存在,扮演者也是遥不可及的明星,但粉丝仍然像真实交往那样对其做出认知和情绪反应,只是这种交往关系是单向的。受众对角色的感知和关注越多,受众对角色的准社会交往越强烈,这种准社会交往也会因受众相应媒介接触行为的加强收到积极的影响。② 而当粉丝将这种与明星的准社会交往体验呈现在粉丝空间中讨论,尤其是发现他人也有类似的体验时,便获得了一种自我认同,使这种原本虚幻的准人际交往变得真实而强烈。

在2016年9月10日,我们对《生活大爆炸》豆瓣小组的粉丝谈论内容进行了集中观察和相关统计。小组发帖达407页,共10 168条帖子,我们等差抽取第1/21/41/61—10161条③,共509条帖子(发帖时间:2008年12月—2016年9月)。将这509个帖子按照谈论的内容进行分类统计,当一个帖子的回复内容涉及多个类目时,不重复统计,以谈论的中心

---

① 豆瓣网. https://www.douban.com/group/topic/20513597/.
② 马志浩,葛进平. 日本动画的弹幕评论分析:一种准社会交往的视角. 国际新闻界,2014(8).
③ 附帖子收集方法:根据《生活大爆炸》豆瓣小组主页(https://www.douban.com/group/BigBangTheory/?ref=sidebar)网页数据排版特点,明确需要抓取的是网页上"话题"以及"回应"两栏内容。利用Python语言写就的"爬虫"程序,抓取帖子主题和回应数量两个数据,将最后结果导入Excel表格,完成全部抓取过程。程序运行时间为2016年9月10日凌晨1点,运行花费半小时,抓取过程中无帖子更新,一共抓取10 168条讨论帖。然后利用Excel数据筛选功能,等差抽取509条帖子作为研究样本。后续研究时,在小组内搜索"帖子主题"进一步查看讨论内容。

内容为分类标准。具体分类为："休闲时尚"——主要汇集了粉丝谈论剧中人物衣食住行、娱乐休闲等日常行为的帖子；"资源分享"——主要涉及粉丝分享剧集、主题曲、铃声资源的获取方式；"明星话题"——谈论剧中主角的扮演者在现实中的私生活、演艺动态等；"人际交往"——讨论剧中人物之间的交往，包括爱情、友情、亲情的谈论；"观剧行为"——谈论观剧感受、评价、联想、剧情对个人的影响；"剧中台词"——谈论剧中台词的意义、讨论台词的翻译；"科学知识"——谈论剧中出现的科学知识。

据图1"《生活大爆炸》豆瓣小组的话题数量及占比统计"的结果显示，有关休闲时尚的帖子数量最多（109个），其次是资源分享的帖子（104个），排在第三位的是有关人际交往的讨论（97个），之后依次是讨论观剧行为（92个）、明星话题（48个）、剧中台词（20个）、科学知识（20个）的内容。另外还有19条帖子与《生活大爆炸》没有直接关系，我们将其归在其他话题下。

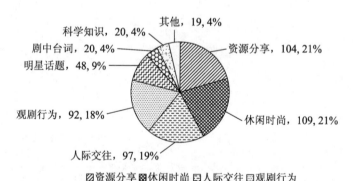

图1 《生活大爆炸》豆瓣小组的话题数量及占比统计

从上述话题分布情况大体可以看出，粉丝们在收看美剧《生活大爆炸》时，主要的动机和兴趣点是休闲时尚，它们在粉丝们与剧情演绎的各个方面的连接中展开。关于剧情资源分享也占据相当的比重，涉及与观剧相关的各种媒介技术应用、传播和分享的情况，也是粉丝们得以接收美剧并展开讨论的条件。关于明星、观剧行为、台词的话题，固然有不少与剧集的演绎或剧情相关，但更多的是将粉丝们自身的语境、生活代入美剧的接收过程之中所产生的谈话。有关科学知识的内容，在原剧中有不少体现，但由于相对专业，粉丝们显然不是很感兴趣。"其他"部分虽然与美剧没有具体联系，但也提示了粉丝们接收行为的现实语境和所处社会情境，像个人日常生活吐槽、游戏分享、社会新闻、小组头像变更，等等。

与话题的设置相关，话题回复体现了粉丝们的互动情况，可以看出他们对话题响应的程度、讨论展开的情况和关注的热度，因此我们对509份帖子的回复量也分别进行了统计。回复帖的总量达到8 076条，平均每个话题的回复量为15.87条。从占比来看，人际交往的话题讨论最为充分，休闲时尚、观剧行为和资源分享的话题活跃度相当。（图2）

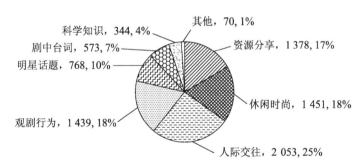

图2　话题回复数量及占比统计

这些话题类型和回复情况，大体勾勒出美剧在被美剧迷接收过程中激发出的讨论话题，围绕着这些话题展开的谈论，实际上确认和阐释着那些构成了美剧迷们的身份与归属的混合物，构成他们"日常生活词汇表的一部分，也是由本地知识构架的解释性资源"①，也构设了特定的文化消费语境通过对其间意义的解析。如果我们将发帖数量和回复数量的排名进行对比就会发现，小组内有关休闲时尚的帖子数量最多，说明粉丝对剧中休闲时尚的方式最感兴趣，包括剧中人物使用的物品、观看的电影、吃过的食物、发型服饰等，这些美式的生活习惯和方法都非常直观地呈现在观众面前，而且其中很大一部分是粉丝并不熟悉的，这种差异直接引发了美剧迷的兴趣。但在进入真正交流的环节之后，反而是关于人际交往的帖子更能激发粉丝的充分讨论。尤其那些反映剧中人物亲情、友情、爱情等互动情况的帖子，包含了中美文化的巨大差异，最能引发粉丝表达和交流的欲望，甚至引发争吵。这些材料为下文透视美剧迷如何完成文化的建构，即如何对特定生活方式展开想象提供了文本来源。

> 那些反映剧中人物亲情、友情、爱情等互动情况的帖子，包含了中美文化的巨大差异，最能引发粉丝表达和交流的欲望。

以上，我们讨论了《生活大爆炸》豆瓣小组社群的特点，着重描述了趣缘群体的形成过程：是从简单的集聚通过交流和互动达成融合，又因自身独特的符号与其他群体有所区隔，这种区隔实际上又加深了趣缘群体内部的团结。而美剧迷交流和互动的过程中就包含了美剧迷与美剧迷之间的人际交往以及美剧迷与剧中人物的准社会交往，讨论这两种交往类型的意义在于，帮助我们理解美剧迷对群体的认同以及对媒介文本的认同，实际上后者是美剧迷建构身份认同的一部分。最后，我们收集了小组内一部分讨论帖，下面将主要以此为基础，用话语分析的方法，就粉丝如何展开讨论来研究美剧迷完成身份认同建构的过程，并就其讨论的内容研究美剧迷如何完成文化的建

---

① David Chaney. Lifestyles. London:Routledge,1996:12.

构,考察具体表现在哪些方面。

交谈中的身份展演

基于前文对《生活大爆炸》豆瓣小组趣缘群体进行的交流互动,本文具体归纳出他们交流实践活动类型,包括分享信息、褒贬议论、文本"再写"、模仿偶像,研究这些交流实践与美剧迷进行身份认同有怎样的关联。本文将集合艾伯柯龙比、朗赫斯特的观展／表演范式和戈夫曼的表演理论,将他们的交流活动视为一种表演行为,研究美剧迷交流实践的"表演"过程以及认同建构的一般路径。具体包括:美剧迷如何通过观展／表演来进行自我呈现?怎样在与他人的互动中投射自我?美剧迷自身如何协调前台与后台的身份?观展—自恋的循环机制在美剧迷的认同建构中发挥什么作用?

1. 通过分享进行区隔

《生活大爆炸》豆瓣小组内,粉丝们一个最普遍的交流实践就是分享与该剧有关的各类信息。这类信息包括了剧情分享、资源下载、更新时间、演员动态等外部、内部信息,它们经由粉丝搜集整合后在网上分享,变成一种具有展演性质的行为。而隐含在行为之中的是个体优于其他粉丝的媒介能力(media competencies),这些能力包括了技术能力、剧情分析能力和互文解读能力。[①] 正因个体占有了这些文化资本,才造成了与其他美剧迷的身份区隔,个体通过展示这种文化资本得以强化一种个人身份:我对这个话题有充分的研究和话语权,

---

① Nicholas Abercrombie, Brian Longhurst. Audiences. London: Sage Publications Ltd, 1998:120.

是拥有出众媒介能力的资深群体。

在一个题为"sth about TBBT"的帖子中①，楼主整理了该剧的播出时间、字幕情况、预告更新、周边产品、花絮地址等，获得了其他粉丝的一致好评。有一个回复称："最近怎么不见你来发布啦？希望继续做好事，省得俺们满世界找。"发帖人却认为"发布这些信息其实蛮简单"，只要"有空刷刷国外站"。因美剧产品的跨文化性质，搜集相关信息需要占有较多的文化资源和媒介资源，可以推测的是，发帖者相比于回复者拥有良好的英语水平、计算机搜索能力和信息整合能力，并且对美国文化有一定了解，文化资本成为区隔受众接近美剧与否的主要因素之一②，是个体能否实现自我呈现的前提，没有这些能力意味着个体失去了上台表演的"道具"和"设备"。

如果我们把一个帖子的谈论空间看成舞台，发帖者因获得首先发言并占有主导话题的机会可被视为表演者，观看者既包含了可能隐匿在帖子背后并未发言的成千上万的粉丝，也包含了与楼主发生互动的积极参与者：他们有的仅仅在帖子下面回复"Mark"一词表明自己观看的身份；有的用精彩的回复获得了其他观看者的关注，从而走上前台变成了表演者。表演者和观看者的身份并不是固定不变的，台湾学者张玉佩把"Spectacle"解释为"观展"，认为扩散受众具有"看/被看"与"观看凝视/公开展示"的意涵，并且同时涵括"作为主体的观看"与"作为被展示观看的客体"的意味，个体在进行交流

---

① https://www.douban.com/group/topic/8686460/.
② 黄淑贞.文化资本与身份认同：以美剧在中国的传播为例.江苏行政学院学报，2012（3）.

实践时,既是表演者,也是观看者。① 在一个剧情分享的帖子中,楼主诠释了媒介文本之后,回复者用自己专业的音乐知识解答剧情难点获得了大家的认可,被楼主称为"大神",受到了大家的关注。此时,表演者和观看者的边界就不再明晰,而决定其转换的重要因素便是粉丝是否拥有出众的媒介能力。从一开始区隔美剧迷对文本的接近程度,到影响他利用媒介为想象提供资源的方法②,受众各项能力的发展深刻影响着美剧迷对自我的呈现。

2. 以褒贬议论观照"镜中之我"

上文提到的"自我呈现"实际上强调了行为人自身对相关信息的管理,即对于个人媒介能力的展现。自我呈现的另一个方面是目标人对行为人自我呈现的反馈,具体而言,是目标人通过有意识、有目的的言行来使他人形成对行为人的言行并维持二者关系的行为。③ 这种"他人呈现"的概念用观展/表演范式中的"镜中之我"解释或许更加形象:自我和世界上的人、物没有界线,它们仅仅是自我之外的一种反射,像一面镜子,让受众照出自我。④ 在表达喜爱和发表批评的交流实践中,为了完成自我认同的建构,表演者通过观照"镜中之我"来调整自我表演,通过与他者互动达成一致。本质上,这种认同建构是通过影响他人的情景定义来实现的。

---

① 张玉佩. 从媒体影像观照自己:观展/表演典范之初探. 新闻学研究, 2005 (82).

② Nicholas Abercrombie, Brian Longhurst. Audiences. London: Sage Publications Ltd, 1998:120.

③ 王晓婧,张绍杰. 基于印象管理理论分析的面子呈现策略. 东北师大学报(哲学社会科学版), 2015 (2).

④ Nicholas Abercrombie, Brian Longhurst. Audiences. London: Sage Publications Ltd, 1998:92.

网友们搜集的 TBBT"金句"(截屏)

每个人都有自己的情景定义,个体的行动在于有效地投射一种特定的情景定义,以促成他人对特定事态的领会。在表达对谢耳朵爱意的帖子中,表演者要投射的情景定义便是:我很喜欢这个人。然后通过文字表达或借助视频、图像的方式来加深自己的情景定义。如粉丝"乖小7"发帖称"Sheldon生气的样子好萌"①,16个回复全部表达了对谢耳朵的喜爱,并有粉丝晒出了谢耳朵的截图,对表演者投射的情境定义做出补充。这些表达"称赞"的帖子多数情况下不会出现对抗性的回复,粉丝更倾向用一种积极的态度来回应。表演者在观看者这面镜子中看到了和自我想象一致的反应时,自我认同就会建立起来。

在更具有涉入性的批评性帖子中,由于夹杂了更多个性化、负面的情感表达,容易招致其他粉丝的对抗,完全不在乎别人评价的粉丝是很少见的。那些批评的帖子里充满了评估的标记、聪明的用语、新颖的想法和诸如此类的东西,② 所以批评既是分享性的,更是展演性的,表演者在运用批评时更渴望自己的情景设置能影响到别人。如粉丝"费迪飞"在表示"不喜欢刻薄的Sheldon,喜欢Howard"时,引用剧情细节投射了一种情景定义,明确地表称自己是某种特定种类的人,并且加了一句"有我的同类吗"来寻求认同。③

其他同好的反应会直接影响到他们今后的表演,他们可能因此而更加沉迷、投入或是丧失兴趣。④ 粉丝"张大岳"发布

---

① 豆瓣网. https://www.douban.com/group/topic/8112631/.
② 南希·K. 贝姆. 谈论肥皂剧:以计算机为媒介的粉丝文化中的交流实践. 张淳,译//陶东风. 粉丝文化读本. 北京:北京大学出版社,2009:400.
③ 豆瓣网. https://www.douban.com/group/topic/4778113/.
④ 文卫华. 想象·表演·认同:中国大陆美剧迷的身份认同研究//2009中国新媒体传播学会论文集. 北京:清华大学出版社,2010.

了"大爆炸不好看了的原因分析"的帖子①，结果得到的回复是"你自己变了"，这个回复获得了其他粉丝一边倒的支持，导致楼主没有继续在该帖发言。粉丝"Caroline"发帖问："有没有人和我一样不喜欢TBBT的大尺度？"② 在得到不认同的回复后，"Caroline"做出妥协："好吧，我的错，对TBBT期望有误。"上面两个帖子中，个体投射的情景定义都遭到了质疑，甚至崩坏。前者由于没能看到"镜中之我"的一致性，直接放弃表演；后者的情景设置遭到了其他人的改变，表演者调整对自我身份的想象，以继续完成认同建构。

3. 以文本再写建构自我

粉丝对《生活大爆炸》文本的创作驱动表现为续写剧情以及改写文本的"再写"特点：强调了粉丝独特的创造力，它并不是粉丝天马行空的想象，而是根据当下的人物关系和剧情发展，融合了自己知识经验后对媒介文本进行重新构想、重新审视、重新整合和改写。"再"（re-）字隐含了"后现代"的核心内涵：在此语境下，"改写"一词也不再是传统意义上的adaptation，而是re-write，是一种作为文化代码的"语言"层面上的话语建构，一种话语的"解构"和"再编码"③，从而完成对文本意义的颠覆、反拨和修正。在这类交流实践中，粉丝不仅仅是文本的消费者，同时也是文本的生产者，每个人的知识经验水平和对剧情的理解不同，导致他们的创作也千差万别，在这种创造性生产中，每个粉丝的"编剧"都独一无二，这就形成了其自我身份的独特性：我是有创造力的、特别的

---

① 豆瓣网. https://www.douban.com/group/topic/20540742/.
② 豆瓣网. https://www.douban.com/group/topic/11318217/.
③ 陈红薇. "再写"：战后英国戏剧中的莎士比亚. 外国文学，2012 (3).

粉丝。

推测与续写,是剧迷们利用自身的知识和经验填补剧情中的空白和间隙,摆脱受众者单一接受讯息的局限,根据自己的喜好和认同来进行的"虚拟编剧"①。在"耳朵和艾米的结局会是什么样的呢"的推测帖中②,楼主认为"耳朵和艾米的恋爱合同是 4 年的",其他粉丝有推测谢耳朵和艾米结婚是"被逼无奈"的,也有推测会签"终身协议"的,大家的推测在细节上有所出入,在剧情发展方向上的预测并无新意,并没有引发大的争议和讨论,共形成 34 条回复。同为推测贴,一篇预测"Sheldon 和 Penny 的发展前景"的帖子却引发了 84 条回复之多③,与前者不同的是,该帖的回复中粉丝结合了各自领域的专业知识做出详细推测,对于结局走向也做出符合各自推理逻辑又"出乎意料的"预测,每一条都体现了推测者本人与众不同的文本创造。

这篇题为"从文艺传统看 Sheldon 和 Penny 的发展前景"的帖子从提问开始就充满了浓重的展演气息:楼主在帖子中引用古希腊故事、电影、话剧作品等展现了自己对文艺传统的理解,并断言"TBBT 编剧肯定是熟知西方这个文艺传统的,所以他安排 Sheldon 调教 Penny。如果本剧以后正常发展,应该很难跳出这个套路"④。面对这个分析帖,回复中出现了反对、赞同、观望三种态度,尤其是持反对看法的粉丝,基于自己对剧情理解以及本身积累的经验并不同意楼主的猜测,粉丝"雅牧"就运用心理学知识进行反驳,甚至提及"行为遗传学",

---

① 邓惟佳. 迷与迷群:媒介使用中的身份认同建构. 北京:中国传媒大学出版社,2010:79.
② 豆瓣网. https://www.douban.com/group/topic/38372488/.
③ 豆瓣网. https://www.douban.com/group/topic/8967198/.
④ 豆瓣网. https://www.douban.com/group/topic/8967198/.

并引用王小波、李敖、康德的话来证明自己推测的合理性。每一位推测者都设置了自己的情景定义，并试图影响到观众，以获得支持和认可。粉丝在展示个人身份时，坚持自己的论证方法和推理逻辑，通过堆砌学科名称来显示较高的知识水平，并附带本人的一些价值观念，所有这些促成了粉丝对自我身份的想象：我与他人不同，我是特别的，我是正确的。正如观展／表演范式中对表演者自恋（narcissism，也译作顾影自怜）的描述：自我是中心，人们表现出无时无刻不在被人观看的状态，假装在真实或想象的受众面前处在注意力的中心位置。①

网友们根据谢耳朵的形象制作的表情包

在改写文本的行为中，粉丝也同样表现出对自己的爱恋——将自己代入角色，创造出新的文本。如有粉丝回答"如果你是 Bernadette 会如何处理和婆婆的关系"的帖子②，给出了与剧本相异的剧情想象。粉丝通过创造性生产的实践，不再受制于既定的媒介文本传达的意义，而是通过积极主动的受众活动或重组或改造文本的情景定义，从而表达自我的意愿。虽然抵抗／收编模式已经不足以容纳当今的受众活动，但受众的抵抗性阅读并没有消失，不同的是，颠覆原文本不再是粉丝自我表达的全部意义，而成为粉丝表达个人思考、建构自我身份

---

① Nicholas Abercrombie, Brian Longhurst. Audiences. London: Sage Publications Ltd, 1998:88.

② 豆瓣网. https://www.douban.com/group/topic/22650890/.

独特性的路径之一。

4. 通过模仿形塑"后台"

在前三种交流实践中,粉丝的谈论都主要围绕明星、剧集展开,个人处于边缘地位。而在这类交流实践中,粉丝成为言说的中心。在模仿行为中,粉丝通过产生某种自我的转变,变得与喜爱的影星更相似,或者把其他人牵涉进来,让他人认识到自己与影星的相似之处。① 这种谈论比上文更进一步的是,它不仅包括粉丝通过表演,将自我身份呈现在媒介空间,以获得他者认同;而且包括粉丝从媒介文本中汲取现实生活的经验,是粉丝自我经验基础上的内在性认同,即接受剧中人物外形特点、生活方式、价值观念等,产生了一个新的身份。

粉丝"昨天"表示:"看 TBBT 有共鸣……每次看 Sheldon 就感觉是在看自己。"② 这是个体在喜爱的偶像身上投射了自我身份,也是自恋的一个方面,因自己与偶像之间的相似产生共鸣并建立联系,使自己与偶像文本产生融合。更多的粉丝开始模仿和复制剧中人物的行为活动、外貌,印证了"构成观展和自恋社会的日常表演正围绕着媒介影像的风格、个性、服装、音乐等多方面展开"③。粉丝"骑着海马去遛猫"表示:"非常喜欢谢耳朵,以至于现在跟朋友聊天都会像谢耳朵一样毒舌了"④;粉丝"皮筋儿"则"好想剪一个谢儿顿同学那样的头发"⑤。Abercrombie 与 Longhurst 在谈及受众对电影明星

---

① Nicholas Abercrombie, Brian Longhurst. Audiences. London: Sage Publications Ltd, 1998:184.
② 豆瓣网. https://www.douban.com/group/topic/5327070/.
③ Nicholas Abercrombie, Brian Longhurst. Audiences. London: Sage Publications Ltd, 1998:104.
④ 豆瓣网. https://www.douban.com/group/topic/39450517/.
⑤ 豆瓣网. https://www.douban.com/group/topic/9916143/.

的认同时说道：电影明星为受众提供了白日梦的原材料，使得受众从想象延伸到改变自己。① 这时候，由《生活大爆炸》提供的影像也成为迷群观照自我想象的镜子，他们得以从中获得想象生活的资源。以上的认同性实践都涉及"自我与他者、主体与客体的交叉重叠"②，在此基础上粉丝强化与肯定了自我的想象：一个以我为主，融合了明星特征的身份。

大量的粉丝实践表明现在的媒介环境发生了变化，媒介日益渗透到日常生活中，它帮助粉丝创造出一个融合了媒介形象的新身份，介入粉丝的人际关系和生活场景，成为生活的一种元素。影像中表现的不再是和自己没有任何关系的"他人的故事"，影像被迷纳入了日常叙事之中，变成了"自己的故事"。③ 而得以构成循环的是，粉丝再将被媒介文本形塑的身份展现在媒介空间，在他人的反馈中强化自我对这种特定身份的想象。

综上所述，我们研究了《生活大爆炸》迷群呈现出的四种交流实践。对于美剧迷而言，交流实践之间不是孤立的，他们会采取多种交流实践完成身份认同建构。以此我们可以总结出美剧迷身份建构的一般路径：表演—想象—自恋—认同的过程。美剧迷在媒介空间中利用丰富的媒介影像进行表演，并兼具表演者和观看者的双重身份，拥有较高媒介能力可以获得表演机会；在表演过程中，美剧迷积极地自我呈现个人形象，但这是一种理想化的自我呈现，他会有选择性地呈现积极正面的个人信息，充分发挥自我控制。同时又关注他人呈现以观照自

> 影像中表现的不再是和自己没有任何关系的"他人的故事"，影像被迷纳入了日常叙事之中，变成了"自己的故事"。

---

① Nicholas Abercrombie, Brian Longhurst. Audiences. London: Sage Publications Ltd, 1998:108.
② Nicholas Abercrombie, Brian Longhurst. Audiences. London: Sage Publications Ltd, 1998:189.
③ 文卫华. 新媒介环境下的受众收视特点探析：以美国电视连续剧《越狱》的网上迷群为例//豆瓣网. https://www.douban.com/group/topic/1628956/.

我，在想象和自恋的共同作用下，美剧迷不断统一自我形象和群体其他成员对个体的评价，从而建构身份认同。而在观展—自恋的循环模式中，美剧迷的虚拟身份和真实身份不断融合。正如《受众》一书中谈到的：受众的属性和经验开始从先前包容它们的特定的表演事件中渗出，渗透到日常生活的更大领域。① 它标志着媒介影像与真实世界的融合，它们的边界在逐渐模糊。美剧迷在开展交流实践时包含了两个层面的意义，一是美剧迷从媒介文本和观看迷群表演获得思考现实的经验，即为观展；二是后台身份逐渐走上前台，日常生活被呈现在虚拟的空间中，美剧迷在观照自我中建构自我认同，即为自恋。在此循环中，美剧迷的自我认同得以强化。

接收话语与生活方式想象

进一步看，在美剧迷实现自我身份认同的过程中，面对美国文化这种他者文化的冲击，美剧迷在接收时又如何协调和平衡它与自身文化的差异？下文将以前文收集的讨论帖内容为基础，通过文本分析的方法具体研究美剧迷完成了怎样的文化建构，尤其是与特定的生活方式产生怎样的关联。

按照谈论内容，本文对《生活大爆炸》豆瓣小组内粉丝的所有讨论帖做出了如下分类，包括"休闲时尚""资源分享""明星话题""人际交往""观剧行为""剧中台词""科学知识"这7种讨论主题，并且统计了每个话题下粉丝的回复数量，回复的多寡反映了粉丝对话题的关注程度。根据讨论话题类型和回复情况，可以大体勾勒出美剧在被美剧迷接收过程中激发出

---

① 尼古拉斯·艾伯柯龙比，布莱恩·朗赫斯特. 变化的受众：变化的研究范式. 杨玲，译//陶东风. 粉丝文化读本. 北京：北京大学出版社，2009：72.

的讨论话题，围绕着这些话题展开的谈论，实际上确认和阐释着那些构成了美剧迷们的身份与归属的混合物，也构设了特定的文化消费语境，通过对其间意义的解析，我们可以透视其对特定的生活方式的想象。

1. 时尚：由模仿进入日常

我们注意到，粉丝们关于休闲时尚的谈论最多。他们很热衷于对谢耳朵的服饰、发型的讨论，表现出强烈的模仿愿望。粉丝"安非他命"表示"想要谢耳朵每一件文化衫"①，粉丝"繁繁"则"超爱有电视停播图案的那件"②，粉丝"Hydrogen"发帖说，"五一前看到有人穿那件经典的进化论T，哈哈，看来这个夏天会很流行"③。有人专门收集了全剧出现过的所有"谢耳朵T恤"，并一一截图放在网上，更多的人互相询问："哪里可以买到'谢耳朵T恤'？"有关注这一剧集的媒体刊发报道称，谢耳朵开创的古怪的穿衣方式——里面一件长袖T恤，外罩一件短袖T恤，"据说已经风靡美国，成为新的时尚"④。在粉丝们追捧之际，淘宝上有店主打出"谢耳朵同款"的噱头出售，销售火爆。

还有许多粉丝关注剧中人物使用的生活用品，包括电脑、浴帘、纸巾筒、叠衣板等，可谓事无巨细。谢耳朵折衣服的工具，同样也在淘宝上掀起了热卖狂潮。剧中人物的电脑配置也引发了网友的关注。"有人注意到吗，他们用的是 Alienware 的电脑""谢耳朵的电脑从 DELL XPS 换成 HP ALIEN WARE 了""H 的笔记本装的黑苹果吧"，回复则围绕着电脑性能展开了热

---

① 豆瓣网. https://www.douban.com/group/topic/28236344/.
② 豆瓣网. https://www.douban.com/group/topic/8162278/.
③ 豆瓣网. https://www.douban.com/group/topic/6326038/.
④ 张鹏. "谢耳朵T恤"带来粉丝商机. 北京晚报，2010-05-09.

烈的讨论。粉丝对剧中人物的娱乐方式也会紧追不舍："因为看了TBBT,然后TBBT看完以后就去看太空堡垒卡拉狄加""话说我想看星际迷航的电影了""大家一起来玩Zork吧(谢耳朵玩的游戏)""19集抽鞭子声音应用下载教程""看了star trek 09年那部电影"。①

从穿衣风格到起居用具再到娱乐方式,《生活大爆炸》的粉丝们迅速地通过模仿,将剧中人物生活中的点点滴滴复制到自己的生活之中,这意味着他们将美剧《生活大爆炸》视为生活潮流和时尚方向的引领者。齐美尔(Georg Simmel,又译作"西美尔")在谈到时尚时曾指出:"通过某些生活方式,人们试图在社会平等化倾向与个性差异魅力之间达成妥协,而时尚便是其中的一种特殊的生活方式。"② 这同样适用于对《生活大爆炸》的粉丝们,但有所不同的是,对《生活大爆炸》的粉丝们来说,这种获取妥协的资源来自剧中偶像所代表的异域文化,这种文化与粉丝自身所处的文化之间在政治、经济、制度之间有着诸多的差异,却被与他们想象中的一类美国年轻人在时尚观念和品位上的趋同而忽略。在这里,时尚成为美剧迷们意义表达和自我建构的工具,借助时尚,个体与社会及文化之间的交换互动和意义建构得以完成。

法国社会心理学家塔尔德通过对风俗的模仿和对时尚的模仿进行比较所做出的论断,有助于我们更好地理解《生活大爆

---

① 以上8个帖子见豆瓣网:https://www.douban.com/group/topic/9848940/；https://www.douban.com/group/topic/15091034/；https://www.douban.com/group/topic/17103124/；https://www.douban.com/group/topic/6531701/；https://www.douban.com/group/topic/20594367/；https://www.douban.com/group/topic/21962101/；https://www.douban.com/group/topic/28146493/；https://www.douban.com/group/topic/15134846/；

② 齐奥尔格·齐美尔.时尚的哲学.费勇,等译.北京:文化艺术出版社,2001:95.

炸》的粉丝们的模仿行为。塔尔德指出,"优势常常站在奇异、新颖的模式一边时,那就是时尚的时代",而"古老的风俗占压倒性优势时,是风俗的时代","风俗向时尚过渡,然后又回归更加广泛的风俗",风俗联系着国家的传统,时尚关联着时代的光荣。① 由此可见,《生活大爆炸》的粉丝们的模仿,并不能被简单地归结为崇洋媚外,而在很大程度上表明他们更在意当下的时代。当这代年轻人将来回归到"风俗"时,必将携带着今天的时尚留下的印迹,"他者"文化影响下的生活方式便在这样的过程中悄然建构。

2. 技术"越界"与文化选择

如果说,《生活大爆炸》以即时性的热点刺激和引领着粉丝们的时尚追求,表明"推动现代消费主义的核心动力与求新欲望密切相关"②,那么,对美剧迷们来说,这一核心动力的构成和求新欲望的实现都指向了新的媒介技术。在某种意义上,新的媒介技术由于带来新的媒介文化形态而成为现代消费的目标,同时又构成其运作的机制,恰如道格拉斯·凯尔纳所指出的:"媒体文化是一种将文化和科技以新的形式和结构融为一体的科技—文化,它塑造诸种新型的社会,在这些社会中,媒体与科技成了组织的原则。"③ 对美剧迷们来说,对美剧的消费是互联网的媒介方式所建构的消费形态,它除了需要宽带资源和构架的支持,还需要具备一定的技术能力,比如搜索、下载、存储,甚至"翻墙",等等。

---

① 塔尔德. 模仿律. 何道宽, 译. 北京: 中国人民大学出版社, 2008: 140-142.
② 柯林·坎贝尔. 求新的渴望//罗钢, 王中忱. 消费文化读本. 北京: 中国社会科学出版社, 2003: 266.
③ 道格拉斯·凯尔纳. 媒体文化: 介于现代与后现代之间的文化研究、认同性与政治. 丁宁, 译. 北京: 商务印书馆, 2004: 10.

我们在美剧迷们有关"资源分享"的谈论中可以观察到，他们利用各种新媒介技术和网络传播渠道，分享 BT 链接、下载工具、美剧资源网站，从而能够和美国观众几乎同步收看到最新剧集。粉丝"清蒸已过万重"于 2008 年 11 月 27 日在一个题为"为什么各大视频网站看 TBBT 不爽"的帖子下面回复说："本来在优酷有我上传的。被它封掉之后就没有继续了。"① 在评论中，粉丝"蔬芙黎"说："刚出的时候在优酷上有，没来得及看，结果就消失得无影无踪啦……"于是，粉丝们"追本溯源"，拼命掌握更直接的下载方法。在一个题为"大家都是通过什么方式观看"的帖子下，粉丝们分享了各种下载方法：包括人人影视、verycd、IPV6 BT、迅雷、电驴等。2014 年 4 月下旬《生活大爆炸》因版权问题无法在搜狐播放，粉丝"TMZ"发帖问该怎么办时②，下面的回复中立即就贴出了最新的下载链接和观看途径。2015 年 7 月《生活大爆炸》第八季"回归"搜狐前，粉丝们已经借助各种新媒介技术手段观看了第八季内容。

美剧迷借助新媒介技术，得以收看到与《生活大爆炸》相关的视频、音频、图片等内容，从而接触到剧中所传达的生活方式。更进一步地，在追剧过程中表现出对技术的崇拜和追捧，这也构成了美剧迷的一种新生活方式。美剧迷的社会生活受到技术的渗透与控制，对其观念、行为，包括工作和生活产生影响。在该类型的讨论帖之下，我们不难勾勒出这样一个场景：一位《生活大爆炸》的忠实粉丝，一到剧集更新时间，便自觉地混迹各大论坛、寻找链接、反复尝试下载，在下载失败之后，也许还会与其他粉丝沟通，学习新的下载方式，直到收

---

① 豆瓣网. https://www.douban.com/group/topic/4730646/.
② 豆瓣网. https://www.douban.com/group/topic/51813848/.

看成功,这已经构成了他生活的一部分。这种技术的影响也许美剧迷自身都没有意识到,但它却真实存在。

波德里亚对电视的分析,可以启发我们理解互联网情境中媒介技术对美剧迷们来说意味着什么。他指出:"电视带来的'信息',并非它传送的画面,而是它造成的新的关系和感知模式、家庭和集团传统结构的改变。谈得更远一些,在电视和当代大众传媒的情形中,被接受、吸收、'消费'的,与其说是某个场景,不如说是所有场景的潜在性。"① 对美剧迷来说,这种"场景的潜在性"意味着借助新媒介技术探索、发现和创造属于他们自身的文化表意策略,远程协作,及时分享,组成社区,如豆瓣小组这样的带有亚文化色彩的"新部落"群组,广布于互联网上的各种文化消费之中,并建立起与"他者"的实时联系,带有全球化色彩的生活方式的想象和展演也因此而得以展开。

从豆瓣《生活大爆炸》粉丝们分享资源的话语中,我们可以清楚地看到,八年多时间里,尽管《生活大爆炸》的播放遭遇视频网站屏蔽、审查、美剧网站关闭等阻碍,但粉丝们总是能利用新媒介技术另辟蹊径,追剧不已,拓展着美剧传播的空间。即使是在没法及时看到剧集更新的日子里,粉丝们也没有中断对剧集相关话题的谈论。这不仅体现了技术力量武装下的生活方式,"助力于一种强有力的、自由的、抵抗的、易变的文化"②,而且在更为广泛的意义上,它与"更为私人、更为个人化的文化方式,呈现为去中心的休闲化的趋向"相连,"使得个人可以无处不在地接触和控制媒介,选择文化参与的

---

① 波德里亚. 消费社会. 刘成富,译. 南京:南京大学出版社. 2004:131.
② Sidney Eve Matrix. Cyber pop: digital lifestyles and commodity culture. London: Routledge, 2006:45.

方式"①。

3. 在差异中拓宽自我的边界

美剧迷们无论是通过模仿将时尚引入日常,还是通过新的媒介技术与"他者"和异域相连,其间内在的驱动都在于对差异的敏感与好奇,并由此导入自我认同的活动之中。这更为具体地体现于粉丝们对剧中人际交往的话题谈论之中。我们看到,虽然《生活大爆炸》不乏中国元素,但粉丝们对这些较少谈论;相比较而言,剧中那些显示出与自身差异较大甚至发生冲突的内容更多地进入他们的话题。

《生活大爆炸》中,无论是身为女侍者佩妮追求演员的梦想,还是谢耳朵永远不隐藏自己内心的感受,抑或是他们自由无羁的生活状态,都令剧迷们十分欣赏,热烈谈论,并对照自身的状况,给出自己的解读。"格子品格"的一个帖子颇具代表性:"毫无疑问,谢耳朵是最受欢迎的一个……美国人宽容,能容忍个人的各种不同爱好和特点,中国人不够宽容,个性常常被看作异类,看了这个剧集,欢笑的同时,我也找到了自信……"② 这样的情形表明,粉丝对差异的感知激发了自我的认同,其实质是对个人主义价值观的趋奉。英国学者史蒂文·卢克斯在考察关于美国的个人主义的各种论述中,认可个人主义在美国作为"民族认同的一种象征",并指出詹姆斯·布莱斯准确地阐述了美国的个人主义的含义,那就是"个人主义,对事业的热爱,对个人自由的自豪,不仅已被美国人视为他们的最佳选择,也是他们的祈求"③。

---

① David Chaney. Lifestyles. London: Routledge, 1996:113-114.
② 豆瓣网. https://www.douban.com/group/topic/17490336/.
③ 史蒂文·卢克斯. 个人主义. 阎克文,译. 南京:江苏人民出版社,2001:26-28.

但差异有时候也会凸显认同的困难。粉丝"Tracy"说："一直迷惑着我自己，如果我现实中有那么一个朋友我会想杀了他，但是却很喜欢很喜欢谢耳朵。"① 网友"sunflower"承认："其实现实生活中不会有太多人喜欢谢耳朵，他有点不讲理。"② 这种矛盾和不满实际上来自粉丝们自己的偏向集体主义的文化，如汀·图梅的"面子—协商理论"所指出的，"这种文化下的人们非常重视建立和维持团体内部人与人之间稳固和谐的人际关系"③。谢耳朵在人际交往中，说话犀利，经常伤害别人还不自知，与中国人互留情面、以和为贵的处世态度不相符合，当接收语境与剧中语境差异很大、严重相悖时，个人主义的优先位置便可能受到动摇。也因此，当剧中展示了个人主义与集体主义发生冲突时的协商和协作的情景时，粉丝们表现出一致的赞成。粉丝"樱桃咩咩"谈到：四个人"每次吃饭的时候都爱互相吐槽对方，比如一起嘲笑霍华德的猥琐泡妞方式，但在他们其中一个出现困难的时候，其余的三个总是义不容辞地帮忙解决问题。大家都有共同爱好，就算出现了意见分歧……也互相迁就"④。其他粉丝也在帖子下面纷纷回复表示"好有爱"。显然，粉丝们更愿意接受一种妥协的个人主义行为方式，它未必是对集体主义的肯定，而更可能是一种以折中的态度处理人际交往方式。

人际交往方式的选择在两性关系方面表现得更为敏感。比如，对于莱纳德和佩妮的前期发展过程，有人表示："我觉得第三季，他们两个发展是不是有点快啊，太仓促了，总感觉缺

---

① 豆瓣网：https://www.douban.com/group/topic/10079480/.
② 豆瓣网：https://www.douban.com/group/topic/30019489/.
③ 拉里·A. 萨默瓦. 跨文化传播. 闵惠泉，等译. 北京：中国人民大学出版社，2013：146.
④ 豆瓣网. https://www.douban.com/group/topic/28184207/.

少点过渡。"① 剧中的佩妮和拉杰完全是朋友关系,而且并没有任何暧昧的情节,由于喝醉酒发生了性关系,好多粉丝表示接受不了。这些都针对美国年轻人中确立恋爱关系和发生性行为的随意提出了质疑,表达了不满。这印证了2015年一项基于全国范围的调查分析结果:青少年整体上对于社会主流的四种性行为道德观即感情原则、自愿原则、责任原则、忠诚原则的认可度是较高的。②

但是,无法认同并非等同于完全拒斥。我们也注意到,有粉丝给出了相对和缓的评价,即承认彼此价值观念的差异,尽管在自己的世界观中可能无法接受,却愿意从对方所处的情境和所持的观念中去理解。粉丝"echo"表示,"何况只是睡过,在他们的世界观里没什么大不了的吧。又不是在一起了"。粉丝"席德"认为,"如果你住过男女混住的 student house 就知道了,TBBT 很客气了"③。这些评价将自身从剧集的语境和其反映的社会情境中区别出来,表明"我们"与"他们"不一样,又对"他们"的行为持以一定的宽容,意味着"自我"在与"他者"的争议中预留了容纳的空间。

粉丝在其自发的社区里对《生活大爆炸》有关自我与他人、个人与集体、爱与性等议题的公开谈论,充满了不同的声音——有认同和羡慕,也有反对和排斥,还有体谅和宽容,所有这些声音提示我们,"他者"带来的文化差异所激发的自我认同,因为拓宽了边界而包含对更加多样、更加复杂和更多可能的生活方式的理解。这意味着美剧的观看,亦如钱尼所指出的那样,为"公共和私人变化了的生活形式开出了一条书写自

"他者"带来的文化差异所激发的自我认同,因为拓宽了边界而包含对更加多样、更加复杂和更多可能的生活方式的理解。

---

① 豆瓣网. https://www.douban.com/group/topic/8132245/.
② 陈敏燕. 当代青少年的性道德认同现状调查及其教育启示. 中国性科学, 2015(10).
③ 豆瓣网. https://www.douban.com/group/topic/20364071/.

我边界变化史的新方式",它"也会容纳对诸如亲密关系、本真这类观念的新理解,包括对这些观念价值如何接合于生活方式之中的新理解"①。

4. 经验的介入、重构与融合

尼古拉斯·艾伯柯龙比和布莱恩·朗赫斯特在受众研究中注意到,围绕电视节目"在参照性的谈论中,受众将电视节目作为想象的资源","常常将电视节目中的事件和人物与他们自己的生活联系起来"。② 这方面,粉丝表现得更为热烈。

《生活大爆炸》剧照(截屏)

在某种意义上,美剧迷既是对文化产品的积极消费者,同时是消费过程中的意义的生产者。自我的投射则是这一意义生

---

① David Chaney. Lifestyles. London: Routledge, 1996: 121.
② Nicholas Abercrombie, Brian Longhurst. Audiences. London: Sage Publications Ltd, 1988: 110-111.

产的内在动力。在这样的生产中，一方面实现了他者与自我、异域与本土的连接和转化；另一方面，强烈地表现出对消费对象的占有（在美剧迷这里更多的是知识的占有），通过这种占有，"自我的投射转变成了对所期盼商品的某种占有以及对人为所设计的生活风格的追求"①。在《生活大爆炸》豆瓣小组中可以经常看到这样的讨论："如果加入一个华裔角色，你希望是什么性格？男女不限""如果你是 Bernadette，嫁给霍华德的家庭还能不能忍受？""四个人里面你最想嫁谁？"② 以观剧的经验引爆现实的想象和认同，还体现在粉丝们喜欢对剧集中的人物关系根据自己的意愿重新配对。呆萌的谢耳朵和开朗阳光的佩妮在中国粉丝眼中是绝配，粉丝们大量收集二人之间的暧昧细节，表达的无非是希望他们可以在一起。这类对人物关系的想象性解读，将粉丝们自身的观念代入剧情，原来的剧情文本则成了他们想象的材料。与此相应的是，粉丝们还倾向用自己的经验知识解释剧中人物和情节。譬如，他们会展开"如果生活大爆炸中的人上豆瓣""福尔摩斯 H 和华生 W 完全是 S 和 L 的原版"这样的评论。

对有关剧集台词的谈论更是如此。他们喜欢的那些经典翻译无不是本土化了的语言，而且他们还会结合自己的个人经验对字幕组做出适当的补充。那些贴合中国本土的神来之笔得到热情鼓励，譬如，莱纳德和富婆在车上亲热时，一句"What the hell"被翻成"牡丹花下死，做鬼也风流"，粉丝"抹香精"大加赞赏并广为分享。③ 这就表明，在跨文化传播的接收者这

---

① 安东尼·吉登斯. 现代性与自我认同：现代晚期的自我与社会. 赵旭东，译. 北京：三联书店，1998：232.
② 以上三个帖子见豆瓣网：https://www.douban.com/group/topic/17772504/；https://www.douban.com/group/topic/22650890/；https://www.douban.com/group/topic/17537001/.
③ 豆瓣网. https://www.douban.com/group/topic/20825290/.

一端，粉丝们以强烈的参与意愿和创造性的参与行动，丰富和重构了本来的媒介文本，也由此实现文化的交流与融合。

他们还努力寻找现实中与剧中人物的相似之处，将剧中人物、情节映射到现实中。粉丝"陈冉"看到新闻，想到谢耳朵自己研制出的会发光的金鱼；粉丝"航""在《非诚勿扰》上看到个现实版谢耳朵"；粉丝"四不象"说"发现现实生活中的Sheldon"。① 在剧情之外，粉丝表现出对演员私生活、演艺动态的关注。他们搜寻并讨论吉姆·帕森斯（谢耳朵扮演者）的年龄信息、童年照、拍摄的公益广告。吉姆·帕森斯因饰演谢耳朵拿下了艾美奖时，粉丝异常激动："忍不住在电视前尖叫了半天。"② 通过了解扮演者的个人动态来丰富对谢耳朵这个人物的想象，再一次拉近与谢耳朵的距离。如此"遁入好莱坞偶像的世界，并承担（take on）影星的身份获取快感"③，与影星或影星扮演的角色融为一体，进入人物的幻想世界并成为想象中的自我，完成对剧集意义的重新理解。

粉丝们甚至以剧中的生活作为模板调整自身的行为方式。粉丝"冷"说："看得多了发现自己说话像Sheldon……对于一些小得不得了的事说起来又长又快。"粉丝"寒武纪"甚至一一列举自己看了《生活大爆炸》后的种种变化："1. 以前洗完手我用吹干机吹干，现在听Sheldon说过后，我再也不用了。2. 我知道了草莓不太能算水果类。3. 了解了薛定谔的猫。"④

---

① 以上三个帖子见豆瓣网：https://www.douban.com/group/topic/9262157/；https://www.douban.com/group/topic/18631104/；https://www.douban.com/group/topic/20631541/.

② 豆瓣网. https://www.douban.com/group/topic/13683536/.

③ 杰姬·斯泰西. 女性魅惑：一个认同的问题?. 贺玉高，译//陶东风. 粉丝文化读本. 北京：北京大学出版社，2009：177.

④ 豆瓣网. https://www.douban.com/group/topic/2912897/；https://www.douban.com/group/topic/8139795/.

粉丝们在这一过程中展开的角色建构和身份塑造,意味着其作为受众的"属性和经验开始从先前包含着它们的特定表演事件中渗出,渗透到日常生活中更为阔大的领域"①。

所有这些无不表明,一方面,粉丝通过自身经验和本地知识的介入,进行文本的重构和创造性的表达;另一方面,在观剧的体验及其谈论中,审美成为日常,日常也进入审美,观剧变成一种日常生活的美学,这不同于"先锋艺术的精英们那种充满自我意识的唯美主义,而成为更加广泛传播的日常生活审美化的一部分"②,由此提升了观剧的快感。正是在这样的过程中,"他者"的文化植入自身的生活经验,自身的经验重构了文本的世界,由此而形成了亨利·詹金斯所说的将媒介消费体验转化为参与性文化③,而其"意义与知识的合作生产、问题解决的共享……全都是当人们参与网络社区时围绕共同兴趣自然而然地发生的"④,形成了趣缘文化共同体,以特定的交往方式建立起生活方式的想象。

我们对这一个案进行了以上的研究,从中可以归纳出美剧迷的一般特征。

其一,美剧迷是基于趣缘形成的群体。他们从集聚而至融合,并与其他群体形成区隔,形成真正的趣缘群体。这一群体"围绕兴趣集聚"的特点,在这里鲜明地体现为,他们所追捧的美剧便构成了"趣缘",可以看到,他们在社群内的谈论主要围绕"美剧"的相关内容展开。在趣缘群体形成的过程中,

---

① Nicholas Abercrombie, Brian Longhurst. Audiences. London: Sage Publications Ltd, 1998: 36-37.
② David Chaney. Lifestyles. London: Routledge, 1996: 70.
③ Henry Jenkins. Textual poachers: television fans & participatory culture. London: Routledge, 1992: 46.
④ 亨利·詹金斯. 融合文化:新媒体和旧媒体的冲突地带. 杜永明,译. 北京:商务印书馆,2012: 6.

美剧迷之间发生交流互动，美剧迷与偶像之间发生准社会交往，这些都构成了类型各异的交流实践活动，成为美剧迷进行身份认同的具体途径。

其二，美剧迷在跨文化传播过程中确立了接收者的身份。面对美国文化这种他者文化的冲击，美剧迷在接收时协调和平衡了它与自身文化的差异，促成了自身的融合，也使得异域文化发生交融。美剧迷在这一文化情境中展开以差异为前提的认同实践，包括分享信息、褒贬议论、文本再写、模仿偶像等行为，都蕴含着对美国文化的跨文化接收，充满了"自我"与"他者"的互动、冲突与互构，文化的交流和交融便在此间发生，文化的边界因此而松动，新旧文化的交替和交织呈现出更多的选择性和不确定性。

其三，美剧迷在跨文化接收中完成了对生活方式的想象。正如瑞典学者弗雷德里克·米格尔所指出的，"生活方式的概念和文化的概念如此交织在一起，不可分割，生活方式就是文化的表达"①，反过来说，特定的文化表达成为我们感受和把握与其相应的生活方式的突出领域。美剧迷对美剧的接收所呈现的生活方式的想象，表明在全球化背景下中国当代年轻人的文化体验和认同被文化碰撞、市场消费、观念变革所形塑，包含着美剧迷这一特定的文化群体对新的生活方式的勾画和理解。这种"新的生活方式"具体表现在，美剧迷在跨文化接收中包含着对生活时尚的营造和追捧，利用新的媒介技术进行"越界"的文化接触和文化选择，在"他者"文化刺激下对"自我"边界的拓展，以自身经验参与和融入美剧文本和文化重构，使得他们的生活态度、审美情趣、价值取向、自我认同

---

① Fredrik Miegel. Seven lifestyles//KarL Erik Rosengren. Media effects and beyond: culture, socialization and lifestyles. London:Routledge, 1994: 212.

发生变化。

其四，无论是美剧迷这一个趣缘群体的形成过程、身份建构的过程，还是对生活方式的想象都是在消费文化的语境中展开的。鲍德里亚将消费视为重新构造社会关系的过程，并强调消费作为一种建立关系的主动模式、一种符号的系统化操控活动，主要是由媒介通过对符号进行编码来影响大众而实现其消费企图的。① 美剧迷的所有活动都建立在消费美剧媒介文本的基础之上，消费的过程，也激发了他们对自我身份的想象。消费也不再仅限于对物的享有、使用和消耗，开始更强调生产的意义，它成为美剧迷主动的集体行为，广泛的符号价值在其间交换和嫁接，促成新的媒介文本的产生，丰富了美剧迷的言说，也为进行新一轮消费提供更广泛的媒介文本。

从更为广阔和长远的背景着眼，美剧迷既是参与跨文化传播的接收主体，也是参与我国文化整体构成的社会力量。学者彭兰早已指出："各种亚文化群体的出现，使得文化的种类变得更加繁杂。未来的跨文化传播也许不仅仅要考虑国家与民族的差异，还要考虑到亚文化群体的特定影响。"②

---

① 徐琴.鲍德里亚消费社会理论的意义与局限.哲学研究，2009（5）.
② 彭兰.网络与跨文化传播初探.国际新闻界，2000（6）.

粉丝运用周边物件展开的身体实践与再符号化生产,促使虚拟空间与实体空间的边界模糊,呈现出在场与想象的交融,个人体验和社会交往的相互交织。

"周边"的2.5次元文化

1980年，中央电视台首次播出《铁臂阿童木》，翌年，科学普及出版社出版漫画版《铁臂阿童木》，标志着日本动漫正式进入中国内地。日本动漫伴随着中国内地20世纪80年代和90年代的两代人的成长。在此期间，日本动漫的周边进入了动漫粉丝们的日常消费，并决定了动漫迷们的粉丝身份。

日本动漫《铁臂阿童木》剧照

周边泛指动漫作品的衍生产品，包括动画、漫画、游戏等作品中的人物或者动物造型经授权后制成的商品。手办、海报、扭蛋等这些实用价值低，仅供收藏观赏的被称为"硬周边"；文化衫、抱枕、挂饰、文具等使用价值较高的则被称为"软周边"。从生产方着眼，周边又可以被划分为官方周边和同人周边。周边是动漫产业链中的一个关键环节，利润可观。一部优秀的漫画或者动画能使其周边市场充满生机，甚至有的作品完全是为销售周边铺路制作的。动漫周边的消费在所谓"粉丝经济"中占据极大的比重，也因此，对动漫周边的考察和研究颇多在文化经济视角下展开，而动漫周边作为物件触发的粉丝文化实践及其缔结的粉丝文化内涵，则未能引起足够重视，几乎没有进入研究视野。

考察围绕周边的文化体验和文化实践，我们需要引入"2.5次元"的概念。周边将粉丝与二次元世界再度连接，同时，也将二次元世界与粉丝生活于其间的三次元世界勾连起来，从而将自身置于2.5次元的空间。我们知道，"二次元"的概念伴随着日本ACG（Anime、Comics、Games的简称）文化的广泛传播进入了中国，一般指ACG特有的平面宽幅，现在已经泛指那些喜欢这三样事物的群体。相对于二次元，三次元则是在二次元的基础上增加立体要素而成的空间形态，而在二次元世界和现实的三次元世界之间，作为二次元图像的投影，或者是二次元图像自身被三次元化为物件或场景，则构成了2.5次元。日本学者须川亚纪子认为，2.5次元文化是将现代流行文化（动画、漫画、游戏）的虚构世界在现实世界中再现，享受着虚构和现实暧昧界限的文化实践，是一种生产者/

表演者和受众不断互动的参与型文化。① 由此观之，处于二次元和三次元之间的周边属于2.5次元，并为二者提供了连接的通道。

　　这种连接的功能，使我们可以将周边视为一种特殊的媒介。首先，周边具有物质的属性，是对动漫作品虚拟性的一种转化，其将动漫中的虚拟角色转化为粉丝亲身实践据以展开的物件，并凝结和投射他们的情感和意志；其次，周边具有符号的属性，它中介着粉丝的日常生活世界与动漫作品虚构的形象世界，引发两个世界之间的接触与互动，延伸、强化或重构了粉丝对原作的情感和记忆；最后，周边具有情境的功能，被用以缔结和构成亚文化叙事，传递亚文化的意涵。

　　为更好地理解这一过程，我们以拥有广大粉丝的动漫作品《灌篮高手》的粉丝对周边的体验为对象，考察其间独特的文化内涵。

　　《灌篮高手》展现了纯粹的竞技体育和青春热血的魅力，坚持、执着、为梦想拼搏，跌倒后爬起，最终走向胜利，这些将"JUMP系"的三要素——友情、努力、胜利——凸显出来，再加上单纯朦胧的爱情和成长的烦恼与挫折，成功地俘获了成千上万个青少年的心。《灌篮高手》于1990年开始在日本漫画杂志《周刊少年JUMP》上连载，单行本的累计发行数量为1.2亿册②。1993年，《灌篮高手》动画版出现，日本最高收视率曾达到创纪录的21.4%③。20世纪90年代中期，《灌篮高手》通过台湾和香港迂回传入内地后，迅速风靡中国内

---

① 须川亚纪子："2.5次元文化是什么"，青弓社。http://www.seikyusha.co.jp/wp/rennsai/jigenbunkaron01.html.
② 漫画大全 dot com："历代发行部数排行榜"。https://www.mangazenkan.com/ranking/books-circulation.html.
③ 雅虎日本："动漫历代最高收视率"。http://1st.geocities.jp/june_2007_taste/saikou.html.

地。2013年日本动画频道开启了HD重置版，致敬《灌篮高手》动画化20年，依旧收视火爆。重制版在大陆弹幕网站哔哩哔哩动画上第一次播放到片尾曲时，屏幕上飘过"7X年的""8X年的""9X年的"，标识着粉丝现在年龄的弹幕内容，体现了粉丝代际间的融合互动。直至现在，"灌篮高手"话题在各大社区网站依旧热度不减，深受不同年龄段观众的喜爱。中国书影音评论网站"豆瓣"2018年关于《灌篮高手》的评分是9.6，超过11万人参与评分，足见其影响力之大。

这样一部深受欢迎的动漫作品，其周边自然受到粉丝的追捧。本文通过对相关站点的观察和网络民族志的方式，搜集《灌篮高手》的粉丝们围绕周边展开活动的资料，考察粉丝在其间采取了怎样的表意策略，形成围绕周边的叙事，探讨其间粉丝主体的自我呈现出怎样的特质，对周边的体验及实践生产出怎样的生活空间并传达了怎样的文化意义。

《灌篮高手》群像

周边物件的符号化转换

动漫作品的周边是从原作抽离出特定的符号,将其转换成物的形态。作为物件的周边,具有独特的物质属性,是其他产品实体所无法替代的。第一,其通过物化的体验激发人的行动,与人建立起持久的依赖与体验关系,其呈现出的物质形态、内容与功能,让人感知到"真实",并启发粉丝展开行动与想象。第二,它中介了粉丝与原作,使粉丝、原作和周边三者彼此相互连接,相互交织。对粉丝来说,可以通过对周边的使用和体验,建构起自身的叙事。也就是说,粉丝对周边的使用实际上是一个再度符号化的过程,这一过程使得承载着独特意涵的周边,成为某种文化象征,并传递某种文化消费观念。粉丝的再符号化转化原意涵,完成某种文化认同,并在此过程中达成身份认同。

如有学者所指出的,"当一个人把指示符号与对象的替代关系暂时忘却,符号替代对象出现,欲望从对象移到符号本身。对象不在场时,抓住符号也是安慰"[①]。粉丝对周边产品的消费,也正是这样一种"抓住符号"的行为,粉丝抓住的周边,使他们与缺席的动漫原文本相连,给他们以心理和精神的满足。综观《灌篮高手》各种周边产品,不论是一串字母,还是一张图片,或是一种颜色,它们都曾在动漫原文本中出现过,因而充满了令粉丝激动的气息,吸引着粉丝靠近。于是,带有原作气息的周边产品在粉丝的消费活动中,变成勾连这个空间中存在物的节点,使粉丝、原作和周边产品三者彼此相互连接,相互交织。就像我们在百度贴吧用户"Lavolontedul"

---

① 赵毅衡. 趣味符号学. 重庆:重庆大学出版社,2015:73.

那里看到的那样,他兴奋地分享在澳门举行的《灌篮高手》闪卡收藏展的现场照片,借此机会向《灌篮高手》致敬,因为它"点燃了我的整个青春"。对于他来说,展示这些闪卡就是一次讲述自己的机会。

> 粉丝对于周边,不仅是购买和使用发售的衍生品,而且是提取其符号意义并加以确认的行为。

粉丝对于周边,不仅是购买和使用发售的衍生品,而且是提取其符号意义并加以确认的行为。淘宝网上热卖的《灌篮高手》同款队服"湘北10号樱木花道篮球衣"①,球衣的红白两种颜色,球衣上的字母,球衣的号码,都与原文本相契合,穿上它便仿佛将原作的故事延伸到现实的世界,或者是走进了原作的故事里。在其商品评论页面,满目可见"相当不错,终于圆梦啦!穿上感觉我就是流川枫","挺好,穿上就像樱木附体,根本停不下来"……无不表达着粉丝们与原作里人物的情感联系。很显然,相较于对球衣的消费,他们更看重附着在球衣上的暗示、隐喻及与原文本关联的一切,更在意穿这件球衣时获得的心理感受。换句话说,对这件球衣的最主要的需求不在于做工和材质等实用的方面,而在于对周边的迷恋、拥有与体验,在于"圆梦",在于复现曾经在观看动漫作

樱木花道的10号篮球衣

---

① SD 灌篮高手队服训练服湘北10号樱木花道篮球衣背心篮球服定做订制//淘宝网. https://item.taobao.com/item.htm? spm＝a230r.1.14.20.lmVScS＆id＝23820904032＆ns＝1＆abbucket＝3♯detail.

品时被唤起的感动和冲动。

于是,周边在粉丝手里成为讲述和演绎原作角色的精神、形象与技术的符号,带着粉丝对角色的情感体验进入了粉丝的日常生活,粉丝对其消费的行为,暗示着"自恋式地让自我而不是他人感到满足",这时候"表现的是罗曼蒂克式的纯真和情感的实现"①,连接起粉丝收看《灌篮高手》时一些纯粹、美好的记忆。这样的记忆包括和小伙伴放学后的篮球比赛、球场边心仪女生的加油鼓劲,还有课间和同学谈论剧情时的眉飞色舞,等等。周边触发了这些曾经与《灌篮高手》相关的记忆片段,握有周边就等于触摸着这些记忆中的温暖情感。在这样的触发和强化粉丝对原作的记忆与情感的过程中,粉丝们生活在三次元的现实世界,通过与周边的互动关系,精神得以进入二次元,想象着自己与人物角色的关系,从动漫人物身上获得了感动,得到了力量,用这些力量去克服三次元世界中的艰辛苦闷。

美国学者乔纳森·格雷将电影、电视节目的周边与片花、海报、预告、宣传等,归入热奈特提出的"副文本"范畴,指出这些副文本可以为文本创造意义,扩展文本的边界,也可以独立存在,生产出自己的意义,甚至在特殊情况下还能接管文本。② 这为我们探讨围绕周边的粉丝文化实践带来启发。从副文本和文本的关系着眼,周边在粉丝的使用中,不断重构了动漫原作的语境,为粉丝以各种适合自身的方式来阐释原作提供了丰富的可能性。观察《灌篮高手》队服"湘北10号樱木花道篮球衣"的购买评论,我们看到,有粉丝穿着它去灌篮高手

---

① 迈克·费瑟斯通.消费文化与后现代主义.刘精明,译.南京:译林出版社,2000:127.

② Jonathan Gray. Show sold separately: promos, spoilers, and other media paratexts. New York: New York University Press, 2010:45.

漫画的主角们故事活动的取景地——日本镰仓——进行纪念之旅：

> 带去镰仓朝圣了，很好。回来留作纪念。
> （2016.6.6）
> 合身，穿去日本拍照，去镰仓追寻回忆。
> （2016.6.6）
> 带着这件衣服去了镰仓，樱木和晴子相遇的火车道口。（2016.6.6）

在一般人眼里，镰仓充其量就是个历史文化景点，而在粉丝们的心中却并非如此。他们通过 10 号球衣将它定义且重构为一个 2.5 次元的空间，粉丝们置身其中，成为故事的讲述者，并扮演故事的主角。作为地理上一个实体位置的镰仓，借由实物周边而被虚化为一个舞台，粉丝们穿上《灌篮高手》中的人物所穿的衣服，来到这里，以自己的行为在这个 2.5 次元空间中展开实践，比如：他们摆出人物的造型，如同这个人物在二次元世界里一样，在这里奔跑呐喊，演绎着动漫人物的故事，二次元和三次元重叠在一个展开的行动的文本之中。在这里，周边不仅充当了重构文本的入口，一个演绎故事的道具，甚至已经"接管"与重新演绎了原文本，成为粉丝文化实践的表征。

于是，周边作为一种媒介，勾连着粉丝和作品，将三者编织进一个互构的意义之网。充斥着粉丝日常生活的周边，牵引粉丝返回动漫原文本，辅助粉丝重构自己的文本，意义的生产和交流在此间发生，并融入了粉丝的生活。

粉丝穿着10号球衣在镰仓拍照留念

想象idol：身体展演与话语实践

  一部作品要得到粉丝的青睐必须具备两个条件：第一，作品必须是一个高度完备的世界，这样它的粉丝就能像在私人小圈子里一样随意引用人物和场景；第二，作品必须是百科全书式的，要包含可供痴迷其中的消费者钻研、掌握和实践的丰富信息内容。[①] 动漫作品的周边同样具备这样的特点，可供粉丝引用、钻研、探究，并被粉丝植入各种情境把玩意趣，触发各种想象和身体行动。

  自费斯克以来的粉丝文化研究中，粉丝的主体地位得到了重视，强调粉丝以自我为中心，对所迷对象的参与和创造。美国学者劳伦斯·克罗斯伯格在谈到粉丝的情感感受力时指出：

---

① 亨利·詹金斯. 融合文化：新媒体和旧媒体的冲突地带. 杜永明，译. 北京：商务印书馆，2015：159.

"人们并非只是在努力领会文本的意义,而是使其具有和自己的人生、经验、需要和欲望相关联的意义。"① 这种对文本的意义的主导性倾向,不仅存在于文本的接触和解读之中,而且延伸到周边的持有和应用之中,粉丝借由周边生产出来的意义填充了原文本世界中的缝隙,与原文本的意义表达相遇,从而使粉丝文化实践具有了更为复杂和丰富的内涵。就如文本的上下文决定了词语、句子所要传达的信息,购买周边、收藏周边、使用周边,这些行为也都具有相应的情境,也因此,"只有关注受众在特定的语境中,消费、解释并使用文本的具体方式,我们才能对粉丝进行定义"②。

《灌篮高手》的粉丝借由周边,诉说自身与作品之间的关系,便是重置了原文本的语境,建构了属于自己的故事,由此参与创造和体验原文本带来的愉悦和快感。如此,粉丝通过周边强有力地参与到文本的生产中,其间粉丝们对 idol 的想象与身体行动构成了故事意义不可分割的一部分。

> 粉丝们对 idol 的想象与身体行动构成了故事意义不可分割的一部分。

在网购评论上我们可以看到,有的粉丝就经常穿上购买的球衣去出外景,进行角色扮演:

> 圆了我的梦,好激动地说!回头 Cosplay 就穿它了,到时候补上照片。(2016.6.6)

有的购买角色的球服,与现实中的伴侣一起穿上,形成与原文本人物配对一致的想象,展现自身的生活与偶像的关联:

---

① 劳伦斯·克罗斯伯格.这屋里有粉丝吗?:粉都的情感感受力.卢世杰,译//陶东风.粉丝文化读本.北京:北京大学出版社,2009:136.
② 劳伦斯·克罗斯伯格.这屋里有粉丝吗?:粉都的情感感受力.卢世杰,译//陶东风.粉丝文化读本.北京:北京大学出版社,2009:134.

> 我赤木晴子，老公流川枫，就这样，他俩在一起了。(2016.6.6)
>
> 特别帅，驾驶座是樱木，副驾是流川枫，哥俩好啊？(2016.6.6)

有的还作为队服购买，嫁接到自身的篮球竞技运动之中，并想象其神奇的力量：

> 班里队服，气质压制全场，战斗力十足，半节课30：6，学校无罚球，已经很有 feel 了。(2016.6.6)
>
> 买了 14 号三井寿，现在打球三分也准了？(2016.6.6)

这些行为和话语表明，《灌篮高手》粉丝们的经验开始从先前被包括于特定文本的状态中"渗出"，"渗透到日常生活中更为阔大的领域"，形成对 idol 的想象和对自身的体验，并"经由这些展演来构建自我身份和需求他人认同"[①]。上述情形中的"角色扮演""同人配对""队服"三个主题，都是借助球衣这个周边产品来展开的粉丝自身的叙事，它们既嵌入日常生活之中，又展演了超越日常生活的想象。

"Cosplay"和"圣地巡礼"是粉丝身体行动与话语实践的两种典型方式。Cosplay 是指真人以服饰、道具、化妆、外形、行为、语言等方式在现实环境中扮演虚拟世界中的角色，通过对周边的利用扮演出高还原度的角色形象是每一个 coser 的心愿。知乎用户"行一"认为，评价 Cosplay 作品好坏的唯

[①] Nicholas Abercrombie, Brian Longhurst. Audiences. London: Sage Publications Ltd, 1998: 36-37.

一标准就是还原度,是作品传递出的氛围让人有"他们真的活过来"的感觉。在这样的活动中,粉丝对原作的热爱、理解与对自我的想象融合在一起。"圣地巡礼"也是如此,其基本方式是,截取动漫作品中以现实场所为舞台发生的情节片段,储存在手机中带到现实地,有的粉丝还会穿戴具有原作元素的衣物饰品。粉丝到达地点后,做出与图片中人物一样的动作并拍照,之后在媒介社交空间中分享出来。无数次出现在《灌篮高手》片头曲中,樱木花道和赤木晴子挥手的车站,是粉丝心目中最经典的圣地。广东男篮队长周鹏就曾与妻子在该地点分别扮演樱木花道和赤木晴子,周鹏学着樱木花道提着背包朝着妻子望去,重现了片头曲的经典一幕。他在个人微博上写着"远赴灌篮高手原型地,圆梦神奈川"①。

在如此充满想象的身体行动中,粉丝通过周边物件强化了社会性自我——面对挫折、永不言弃,追求爱情和友情以及事业的成功。"个体从他者的角度获得自己的身份,其首要来源并不是他们的工作类型,而是他们所展示和消费的符号和意义。"②《灌篮高手》的周边物件既囊括了身体和身体之外的所有记忆手段,提供了一个包括身体在内的记忆感知系统。粉丝将记忆凝结在物品中,沉淀在身体之上,使粉丝记忆在展演中得以建构,在建构中保存和传承,幻想能让人进入二次元世界,并且根据每个人精神意义所处的情境来展示其精神世界,然后将其关联三次元,从而将自身创造的意义融入社会意义的流通。

粉丝利用周边展开身体行动,在文化心理的层面体现出唐纳德·温尼科特所言之"过渡性客体"的作用与意义。他认为,孩子喜欢抓住或者吸吮外部客体的行为是一种过渡性现

---

① 周鹏-Tiger11 V 于 2017 年 5 月 16 日 14 时 09 分在新浪微博发送的消息。
② 马克·波斯特.第二媒介时代.范静哗,译.南京:南京大学出版社,2000:145.

象,这些外部客体充当母亲乳房的替代品,具有过渡性的。①当孩子逐渐意识到自己相对于父母特别是母亲是一个独立的个体时,他对外界的一部分"安全感"会转移到其他物体上。按照温尼科特的解释,过渡性客体和过渡性现象,主要是用于解决现实和幻觉(理想)之间的缓冲区,在这个地带,个体可以感觉到安全、舒适,可以对抗孤独和焦虑。粉丝所喜好的周边可以被看作一个过渡性客体,它充当了粉丝的自我和外部世界之间沟通的桥梁,周边产品因为是原文本的衍生物,带有原文本的气息,伴随着粉丝的温暖记忆,可以抚慰现实世界给自身带来的焦虑。

由此观之,粉丝在体验周边中的想象和身体行动是一种逃避和补偿性的文化实践。他们逃避的是社会给定的身份或角色,补偿的是现实中的情感缺失或丧失,即使这样的身份角色持续时间很短,他们也能从扮演与展演的过程中享受到片刻的心理安慰。

临时的交往共同体

粉丝们围绕周边消费展开的文化实践,不仅展演自我,寻求认同,而且也隐含着"某种交往共同体或者说感觉共同体的意识"②。这也是雷蒙德·威廉斯提出的"感觉结构"概念的主要意涵。他在对"感觉结构"进行阐释时指出:"感觉(feeling)"是强调区别于正式的概念世界观、思想意识,是正式同意和个人异议之间微妙的互动,以及选择、解释和行

---

① 唐纳德·温尼科特. 游戏与现实. 朱恩伶,译. 台北:心灵工坊文化事业股份有限公司,2009:34.
② 殷曼楟. 雷蒙·威廉斯"感觉结构"概念评析. 山东社会科学,2013(6).

为、判断经历；而"结构"，则是一组有着特殊内在联系、纽结和张力作用的关系。① 萨拉·桑顿借鉴布尔迪厄"文化资本"概念而提出的"亚文化资本"概念，揭示了青年音乐亚文化实践如何在亚文化资本的客观化和具身化之中形成了交往的共同体。在周边消费的文化实践中也同样产生了这样的共同体，并显现出其特有的感觉结构上的矛盾与张力。

萨拉·桑顿指出，乐迷对所喜爱的音乐的收藏规模的大小，衡量着其亚文化资本的多少。② 《灌篮高手》粉丝以对周边的拥有和使用来展现对原作的"忠诚"和"真爱"，一如萨拉·桑顿笔下俱乐部成员的收藏品展示"酷样"和"在行"一样，是一种积累、交换"亚文化资本"并借以区隔其他人群的

Air Jordan 是樱木花道穿的篮球鞋

---

① Raymond Williams. Marxism and literature. Oxford: Oxford University Press, 1978:132.

② Sarah Thornton. Club culture: music, media and subcutural capital. Cambridge: Polity Press, 1995:182.

途径。粉丝收藏周边通常不在于获取少量昂贵的优质品,而在于尽可能积累更多的物品,经济能力显然在这一过程中起着决定性的作用。以《灌篮高手》与知名体育品牌"乔丹"联名的球鞋为例,该球鞋在日本亚马逊的标价为 127 256 日元,人民币约为 7 500 元①,这样的价格是多数粉丝所无法承受的。经济能力的大小往往预示着阶级或阶层的差异与区隔,但是"亚文化资本"则潜隐着一种"无阶级的想象",这"并不是说亚文化资本与阶级无关,而只是它难以有与亚文化一一对应的关系,实际上,阶级被亚文化的各种区隔有意模糊了"②。

这种有意识地模糊"阶级"的倾向,在动漫粉丝对周边的消费的具体情境中,导源于动漫粉丝最原始的情感——对动漫作品的喜爱之情。对原作的喜爱,使一个人从普通的读者成为粉丝,开始搜集和解读相关信息,接着极力寻找具有共同兴趣爱好的人,以获得他人的认可。一方面,对动漫原作的共情让他们至少是暂时地只关注持有的周边,而忽略诸如职业、地位、阶层等方面的差异;另一方面,也在周边的购买和持有中,建立起内行还是外行、真爱还是假爱的区隔。这就是周边消费的感觉结构的基础,它表现为一种"知觉、欣赏、行为的心理构架与操作构架"③ 的文化惯习。

在知乎官网上,曾有网友发起"为什么日饭要买周边"④的问题,引起"日饭"(意为日本动漫和偶像的粉丝)的热烈讨论,我们从中可以看到,粉丝之间的一个共识是,购买正版

---

① 日本亚马逊网. https://www.amazon.co.jp.
② Sarah Thoronton. Club culture: music, media and subcutural capital. Cambridge: Polity Press, 1995: 28.
③ 戴维·斯沃茨. 文化与权力: 布尔迪厄的社会学. 陶东风,译. 上海: 上海译文出版社, 2006: 117.
④ 为什么日饭要购买周边. 知乎. https://www.zhihu.com/question/34268543.

证明了对所"粉"对象的虔诚情感，正版意味着这份感情的纯洁与深刻。这些讨论中占最强的声音是通过购买周边表达"真爱"。有的说："买周边是支持自己喜欢的偶像的一种方式。"有人说："ACG是最简单的，买只是因为喜欢。同样是花钱，比挂龟鹤延年图、摆红酒柜强，看着开心啊。"还有人批评"有些花了钱就觉得比别人高一等的也是大大存在的。对于这样的大大，无视就好"。也有人表示"就个人来说，我是希望我的存在对我的爱豆（意为"偶像"，系 idol 的谐音——笔者注）来说是有意义的，因为我存在了，所以我爱豆的世界是稍微有那么一点不一样的"。还有人认为"并没有你高我低之分，没有花钱就请安静地圈地自萌，最看不惯那种完全没有买过正版的还各种傲"。在这样的谈论中，我们可以看到建立于"真爱"基础之上的，是对规则、伦理、价值的表述，涉及偶像的生产、市场等方面。在他们看来，"BP（即白嫖）① 退散不约！BP 没人权难道不是饭圈的约定俗成？连自己喜欢的人都舍不得省下一个月咖啡钱支持的，估计也不是真的喜欢吧"。由于价格门槛的限制，许多粉丝会对正版品牌周边望而却步，而对有能力购买正版周边的粉丝，不仅不会怨恨，还敬之以歆羡。

我们可以看到，粉丝收集周边，搜罗各种各样的《灌篮高手》信息，表面上是一些碎片化的内容，却总是关联和指向粉丝展开实践的整体语境，尤其是借助周边建立起偶像文本与现实世界的关联，粉丝群体的凝聚力也由此得以强化。譬如，百度贴吧网友"葱香排骨面"展示了自己的《灌篮高手》周边收藏后，引来了195条回复。这些回复的主要内容是请求帮忙购买和询问产品信息，"葱香排骨面"一边分享自己在日本购买

---

① "日饭"圈中有"白嫖（白看的意思）"一词，指的是这类人：没有买偶像代言的东西，也没有购买周边，更没有花钱看演唱会，却声称自己是"真爱粉"。这种人被忠实的粉丝所不齿，被认为没有资格进入粉丝群体。

到的各种各样周边,一边详细解答其他网友的提问,双方的发帖内容基本是关于产品和作品本身,还有一些涉及对"葱香排骨面"购买力表示"好羡慕"的内容。① 在某种意义上,周边变成一种"提喻",以局部的、碎片化的存在,指代着粉丝们曾经经历并不断回返其中的文本建构的世界。

> 周边变成一种"提喻",以局部的、碎片化的存在,指代着粉丝们曾经经历并不断回返其中的文本建构的世界。

在这个世界里,就如萨拉·桑顿在解释年轻人何以要投资亚文化资本时所指出的:"来自不同阶级背景的年轻人,享受暂时的缓解状态。"② 这当然是一个暂时性的和理想化的空间,它区别于现实世界,自成一体,具有"避难所"的性质,可以躲避或者缓解现实社会带来的焦虑。当然,现实的困境依然在那里,市场力量、经济能力、商业逻辑、社会地位,所有这些方面的压力并没有真正消失,同样隐现于粉丝周边消费的文化实践之中,只是,源于"真爱"的临时的交往共同体,为他们提供了一种妥协的、逃避的缝隙空间,而正是这样的一个空间使他们面对身处的世界时,能够"以某些不同方式感觉他们的全部生活,将他们的创造性反应塑造成一种新的感觉结构"③。

从上述对《灌篮高手》粉丝对其周边消费的文化活动的分析中我们可以看到,粉丝利用周边物件建构出来的周边产品是他们热爱《灌篮高手》的证据以及身份表达的途径。粉丝所有关于《灌篮高手》周边产品的文化实践也是一种意义生产的过程,动漫周边在粉丝互动的符号意义、粉丝身份认同的构建以及群体感觉结构的形塑中扮演了重要的角色。

首先,粉丝通过周边产品建构出物件与身体实践的密切关

---

① 灌篮高手周边收藏. 百度贴吧. https://tieba.baidu.com/p/2673628248?
② Sarah Thornton. Club culture: music, media and subcutural capital. Cambridge: Polity Press, 1995: 160.
③ 雷蒙德·威廉斯. 漫长的革命. 倪伟, 译. 上海: 上海人民出版社, 2013: 57.

联,从而通过具身化的扮演、展示与表达,形成群体想象的共同体。粉丝收藏、谈论周边、Cosplay、圣地巡礼等行为实践,为我们呈现了粉丝如何通过利用周边物件来表现自身和传递自我认同。这种关涉自我的实践行为反映了后现代社会中,个人身份的松散和漂浮,使人们心中充满了不安全感,终日为了实现身份的固定而游走在各个兴趣团体当中。粉丝生产出来的周边产品及其许许多多的小叙事表明,粉丝不满足于创作者给定的符号与意义框架,旨在通过身体与周边物件的互动创造出群体共情,他们利用周边品牌幻想故事或者创造情境,使积压在自我内心的感情因临时共同体而得以释放,同时通过感觉结构所形成的张力加强了个体的忠诚度和群体的归属感。

其次,因为周边产品的再符号化作用,使得利用周边展开身体行动的粉丝得以与原文本产生联系,生产出新的符号化文本与意义。这些粉丝生产的"副文本"与原文本形成互构关系,其不仅由原文本衍生,呈现着粉丝们对文本的理解,而且,粉丝通过转化原文本,创造出自我指涉的符号与意涵,周边产品于是成为粉丝感知和把握世界的一种媒介,体现着粉丝群体共有的生存状态、价值认同与生活方式。

最后,粉丝运用周边物件展开的身体实践与再符号化生产,促使虚拟空间与实体空间的边界模糊,呈现出在场与想象的交融,个人体验和社会交往的相互交织。粉丝可以随时随地利用周边作为媒介,进行空间转换、征用和交互实践,从而创造出边界模糊且流动的 2.5 次元空间。在这个空间里,粉丝积累文化资本,达成自我认同或向他者传达归属于某团体的情感,从而得以暂时脱离现实,并游走于现实与想象的边缘地带,享受属于自己的物质与精神世界。通过周边产品展开的空间生产是粉丝共同体进行的一种具身化的文化实践,同时也体现出他们不甘心被消费主义"物化"、随意摆布的意图。

借助全球化风潮，日本偶像文化渗透到中国本土的文化土壤之中，庞大的粉丝团体在对偶像的崇拜之中，表现出持续的、排他的痴迷和狂热（尽管程度不同），同时在本土化的过程中也显示出强大的再造能力。

"爱豆"的黏合力

20世纪80年代初电视剧《排球女将》《血疑》的热播，电影《追捕》《野麦岭》《幸福的黄手绢》的热映，成为中国接受日本当代文化产品的起点，高仓健、小野良子、山口百惠等日本偶像受到大众的热捧，可谓日本偶像文化在中国的滥觞。与此同时，日本漫画和动画也通过官方或非官方的渠道进入中国，动漫中虚拟的人物成为年轻粉丝迷恋的偶像，到20世纪90年代则开始形成中国的年轻人自己的ACG文化、宅文化。20世纪90年代，借助全球化风潮，日本偶像文化渗透到中国本土的文化土壤之中，庞大的粉丝团体在对偶像的崇拜之中，表现出持续的、排他的痴迷和狂热（尽管程度不同），同时在本土化的过程中也显示出强大的再造能力。

上述现象已经引起学者的思考，而我们特别关注的是，"偶像文化"作为一个日本本土概念，在向中国的跨文化传播中，其性质发生了怎样的变化？如何与中国本土的文化之间发生互动和作用？对此，我们提出"黏合力"概念，立足于跨文化过程中的参与元素，试图通过建立"黏合力"的分析模型，探讨中国与日本偶像文化之间、文化中各元素之间的相互关系。

"黏合力"的概念首先是从物理学中"力"的概念获得的启发，它能很好地描述两种文化之间的作用关系，既考虑施为者的发力总是针对特定的受体，也关注具体的触点以及作用力的方向。我们借用"黏合力"这一描述化工生产中用以说明皮革与涂饰浆料相互吸引以充分渗透的术语，作为对日本偶像文化传播中"力"的特性的描述，统摄跨文化作用的方向、作用过程和结果，更为形象地揭示作为跨文化传受对象的关系，并将相互作用的两种文化中各自的作用纳入一个体系中考察，寻求融合以及更宽广的视角，形成所谓"互动性视域"①。

吸引：身体、梦想与奇异之力

在经验的层面，我们可以观察到，无论是观看女子偶像团体例如 AKB48 抑或是其中国版 SNH48 的公演，还是参与虚拟偶像"初音未来"的演唱会，听众都会有置身于异域空间的体验，被深深吸引。这就是偶像文化的黏合力中最基本的表现——偶像的吸引力，其具体的内涵需要进行充分的阐述。

偶像的吸引力首先来自偶像"自身"，从偶像自身出发，其特质大致可以归纳为三点：首先是具有"卡哇伊"的审美特质，以讲求富有张力的碰撞效果为核心；比如在女性偶像身上"卡哇伊"通常与制服诱惑结合，而在男性偶像身上，则通常表现为年龄和言行举止的错位而产生的效果。其次，偶像承载了梦想与价值寄托。最后，是亲密感与距离感的并行：一方面偶像通过互动仪式建立与粉丝的亲密感，另一方面在这种亲密感之上人为设定界限和规约，从而营造特殊的距离感。

就第一点而言，日本在 20 世纪 90 年代兴起的"卡哇伊"风潮，对于偶像形象起到了非常重要的影响。在日本，"卡哇伊"几乎已经成为无处不在的一种社会气氛，不管是书写体、说话方式、服饰或是食物；Kinsella 将这种"卡哇伊"的内涵概括为"孩子气般甜美、讨人喜爱、无辜、纯洁、温柔但脆弱，同时缺乏经验"②。这成为偶像吸引力的来源之一。毋庸讳言的是，这当中包含着若隐若现的性吸引力，身体在这里作为"资本（capital）"与"恋物对象（fetish）"，是最完美的

---

① 周宪. 跨文化研究：方法论与观念. 学术研究，2011（10）.
② Sharon Kinsella. Cuties in Japan. http://www.kinsellaresearch.com/new/Cuties%20in%20Japan.pdf.

消费品①。但更值得注意的是，这种暧昧的性暗示必须处于一种微妙的平衡控制之中，稍有过之则可造成偶像个人形象的毁灭。

于是，偶像的"卡哇伊"形象处于"被审美"的位置，从而充当类似于取悦者的角色；受众则是场景中的"征服者"角色，但又恰好是实质意义上的被征服者。不确定的"偶像—受众"权力关系中让受众处于时刻需要"掌控"局面的状态；这种介于现实与想象之中的状态，使得每一个与偶像互动的细节都成为兴奋感的来源。对粉丝而言，偶像是"贩卖梦想的职业"②，而偶像也通常会将这一点加以强调，并充分展示其特殊性，他们会在演出的过程中说，"（这一切）都因为我们是偶像啊，只有我们偶像才能做到这样啊"。如此便很难区分此种价值的赋予是偶像工业的设定，还是粉丝群体所期待的梦想符号的逐步固化。不管怎样，这是一组近乎完美的供求关系，偶像供应"梦想"给急需要梦想、热情和生活理想的人们，受众恰恰从偶像的语言以及舞台表演的歌词中获取力量。"为了今天，一切努力都是值得的"和"希望大家能够感受到我们的努力"几乎成为偶像演唱文化中最为常见的表达，不仅由偶像自己说出来，也经由一切参与偶像文化的人讲出。对于粉丝而言，偶像等同于被符号化的梦想，以致看到偶像，就能获得力量和快乐："看到他们那么努力，觉得自己也很有斗志"，"最近工作中有年轻人不怎么好好工作，很懒散。相比之下，看到

---

① Baudrillard, Jean. The consumer society myths and structures. London: Sage Publications, 1998: 130.
② 知乎网友 Shimizumint. 什么是日本的「アイドル」（偶像）?. http://daily.zhihu.com/story/4783417.

她们即使辛苦也很努力，就会很开心"①。因此，尽管有人诟病 AKB48 的唱功，粉丝们也能够意识到偶像的许多舞台表演的缺陷，但是偶像对其受众的吸引力并不会因此而减弱。从这一点看，"偶像"文化颇类似于日本传统中大众演剧的变体，"唱"只是社交而非美感的功能，通过具有极强互动性的表演，展现出一种"群体的融洽感"②。在这里，刻意营造的一种仅有赞美和追捧的单向视角是作为梦想符号的特权，也因此，偶像的一切能够得到欣赏。

  亲密感与距离感的并行所成就的吸引力，来源于偶像文化的制度设计。"御宅艺"作为偶像与粉丝互动的形式，是偶像文化中最重要的仪式之一。粉丝通过设计群体性的舞蹈或打气动作，在偶像表演时同时进行声势浩大的配合以达到支持偶像的目的。在 AKB48 的演出活动中，会专门设置两片站立区域提供给一部分粉丝：粉丝们通常会在演出的同时，配合以与偶像舞蹈动作同步的舞步，或是在站立区域手拉手转圈。更为狂热的粉丝会大声尖叫；有时，女性偶像会纵身一跃跳入台下人群中，由站区粉丝们共同托举起来，通过粉丝和偶像的接触来点燃全场的高潮。但这种近乎宗教仪式的活动只在场内进行，偶像与粉丝的接触存在非常严格的规定，在场外想要最近距离接触偶像的方式是通过购买规定时限的"握手券"，与偶像进行握手。事实上，场内亲密感与场外距离感的对比更像是以压抑的手段来提升粉丝敏感度。将日常的"握手"等行为，转化成最高等级的福利，从而使得粉丝仅通过握手就能获得兴奋感；而在这样一种设计之中，偶像进一步被泛宗教化，使其吸

---

  ① 日本 NHK 纪录片《纪实 72 小时地下偶像的青春》．http://open.163.com/movie/2015/12/7/Q/MBA75I3DN_MBA76G47Q.html．
  ② 玛里琳·艾维．消逝的话语：现代性、幻想、日本．南京：江苏人民出版社，2012：237．

引力增强。

如果说，上述"吸引"的价值内涵产生于日本本土，那么，当其扩张到国外时，便通过与输入国的明显的文化差异性而转化为"奇异性"的效应。伊恩·布鲁玛、玛里琳·艾维等在他们的著述中都提到过，日本人认为自己的民族及其文化是独特而不可被理解的。而乐于保持这种"奇异"的努力也体现在偶像文化中。AKB48创始人秋元康在访谈中谈及偶像团体的品牌战略，指出黑眼睛黑头发的形象、每个人自身的品牌，以及"可面对面的偶像"，即独特的亲近感是三个最为重要的偶像产业发展策略。他曾经比喻过偶像文化产品，"纳豆还是不要加工的好……（我们的）文化产品是很浓的，越是浓就越是能在世界范围内传播开来……或许有点怪气味怪味道什么的（也没有关系）"①。

"怪味道"正是偶像文化产业所最为珍视的奇异性，异域元素和距离感成为偶像在跨文化传播过程中的特质。与Idol概念相比，"偶像"被定位成谦卑的甚至是过分羞怯以及自贬的客体，常常由对自我的否定出发，寻求积极向上、不懈努力以换取他人认可的形象。这与西方概念中一出场就已光芒四射，且遥不可及的Michael Jackson，Beatles或者Marilyn Monroe形成近乎不可思议的对比。正是这种"奇异"，让跨文化受众在接触偶像文化之初感受到一种"特别"，进而将这种特别转化成对于自身的吸引：在目睹偶像蜕变的过程中，获得一种在一般Idol身上无法得到的"成长"和"改变"的体验，甚者可将自身带入，将梦想与信念寄托其上。这种源于"养成游戏"的吸引力，最坚固和稳定的环节是在受众与偶像之间形成的亲缘

---

① 日本NHK纪录片《秋叶原偶像出口》. http://www.le.com/ptv/vplay/1677666.html.

连接——对于一般的 Idol 而言，吸引只是对于偶像自身魅力的好恶，但在"偶像"文化中，亲缘连接所产生的逾越好恶的情感，可以被理解为一种无论好恶，都将一直予以支持和认同的基本态度。对于偶像文化结构中的粉丝而言，放弃对于偶像的热爱（即"脱饭"）通常是由于某种不可抗的客观因素，比如财力、精力不足，或是偶像毕业不再留在演艺圈，而少有因主观对于偶像的厌倦而脱离粉丝群体的案例。

日本 NHK 纪录片《秋叶原偶像出口》剧照（截屏）

对于偶像工业中的奇异性，日本人也并不否认。年轻一代不再关注外国文化，日本的娱乐文化已经形成自成一格、与外界格格不入的状况了。对于日本人而言，这种奇异或许是一种消极的文化态度，但这种格格不入却恰好构成了跨文化传播过程中的魅力。在中国的互联网中，这种魅力的来源可以用互联网中新造的词汇"魔性"传递出来。难以消化的第一印象在诸如"什么鬼""高能"或是"23333"中体现出来，构成了对于"怪味道"的文化反应；但在随后的转化中，"奇异性"有如

"神""魔"附体，促成粉丝与偶像不可思议的黏合。对此可以作为一个反证的是，早年日本形象 Hello Kitty 的推介者曾经尝试在不同地区本土化 Kitty 猫的形象，但最后发现这一招并不奏效，因为对于外国受众而言，"异域"本身即是构成吸引力的关键要素。

强化：投射与镜像的生成

偶像文化跨文化传播中的黏合力，是作用于对象以及对象回应并发生状态改变的过程，我们将其分别表述为投射与镜像的生成。需要强调的是，偶像文化的投射始终伴随接收者对其镜像化的过程，在某种契合中形成转化。

从宏观上看，日本偶像文化的"投射"发端于自觉的跨文化输出战略。譬如，多年来，AKB48 致力于在海外开创一系列分支团体，并纳入"48 系"的结构之中，不断制造本土化偶像军团在海外的复制品；与此同时，初音未来、J 家等偶像将目标瞄准海外市场，在纽约、洛杉矶、上海等地开设演唱会，并贩售演唱会 DVD 以及唱片专辑，举行规模宏大的签售会和见面会来取得与粉丝近距离接触的"吸引"机会。

在更为具体的微观层面，偶像文化在向海外输出时，复制了其商业运作模式。偶像工业的设计以商业成功为动力，要求偶像以欢迎度论座次，并直接影响每个偶像在大众面前曝光的机会，为追求利润大量生产偶像的周边产品，使得与偶像文化相关的商业产品在市场上趋于饱和甚至泛滥。通过海量且种类不计其数的周边产品的贩卖，偶像产业真正将偶像的价值、观点以及态度融入一切具有传播可能性的产品中去：海报、应援 T 恤、公仔、枕头甚至是汤勺、茶杯以及扇子，让偶像成为无处不在的精神象征，并依靠着源源不断的新鲜感以保持偶像产业的活性。如一位粉丝阐述购买大量周边的理由时说的:"要想多看他/她(们)站在这舞台的正中间一天,你就得拿出真金白银去证明他/她(们)并没有 flop,这个行业的运作规则就是这样。"① 商业规则创造出偶像文化的"仪式感",通过商业性的购买、支持,粉丝才得以进一步有机会融入偶像圈这个群体:对于一个合格的粉丝而言,必须几乎完成每一项商业购买计划,才能够可以和粉丝圈子的个体顺畅地沟通和互动。可以说,商业的力量使偶像文化的投射呈现为一种波浪式的拍击,粉丝需要跟随它的节奏支持所喜欢的偶像:总选举投票、购买大量 CD 以及周边等。"粉丝经济"的形成就是上述过程的产物,反过来也刺激和强化了偶像文化的投射,展开其文化精神的扩散和寻唤。

> 偶像文化的精神折射着日本文化整体上的特质,它给予和创造出包括了财富、欲望、野心的各种梦想,交织在一起。

偶像文化的精神折射着日本文化整体上的特质,它给予和创造出包括了财富、欲望、野心的各种梦想,交织在一起,表现出"想要更多地分享富裕的现实提供的东西的愿望"②。与日本动漫中的"次元"概念相类似,偶像文化一方面成为个人影像与梦想的寄托,另一方面成为寻求慰藉的庇护所,一个与外界世界相隔离的空间。日语中"现充"这一概念,意指在现实生活中过得很充实,而不需要去二次元寻找慰藉的人;这一概念与"宅"基本处在对立面的位置,偶像的粉丝(通常为"宅")将自己与"现充"明确地划界,有些甚至力图避免向着"现充"的转化。日本某个网站所调查的 35 个"非现充"特征,前五个分别是:消极发言多、朋友少、没恋人、经常一

---

① 知乎用户.为什么日饭要买周边?. http://www.zhihu.com/question/34268543.
② 玛里琳·艾维.消逝的话语:现代性、幻想、日本.南京:江苏人民出版社,2012:246.

整天没和人说过一句话以及对周边事物丝毫没兴趣。①

拉康的镜像理论认为，个体对于镜中自我的认知经历外在实在事物、影像和再认的自我影像三个阶段，最终通过镜子完成自我主体的辨认。这也就提示出偶像文化的投射与镜像的生成关系，即输入的偶像文化作为一种实在，形塑着接收者的自我之镜，并进而促成文化认同。"镜像"生成的过程，正是偶像文化黏合力得以强化的过程。这样的偶像文化之所以能够在其投射中生成接收者自我的镜像，是源于精神的契合。当粉丝在"镜像"偶像文化，与社会环境相结合时，则形成了对于自身社会情境的反视或折射。

我们看到，日本偶像文化的粉丝，其个体的态度、行为在逐渐群落化和普遍化的过程中形成一股当代社会的流行价值：这种价值一方面是典型"日本偶像式"的，另一方面又与本土文化中原有的欲望和梦想相叠加，演变为中国本土价值的一部分。受众的特性可以从另一侧面解释为何"梦想"会成为偶像魅力的来源。"我自己好像没什么梦想，希望他们成名也就成了我的梦想"，"自己没有在需要努力的地方努力，所以看到他们为自己的梦想拼搏觉得很激励"②……诸如此类粉丝的表态显示出并非他人的"梦想"本身，而是自我的梦想具有意义并使之动容。换言之，"偶像"除了其本身的意涵，还是一个对于受众而言的想象性主体，承担的是对特定受众心理和情绪的功能"转移"，包括对自我的推翻与企图重建、想象的价值实现与满足，本质上是对于现状的不满和对自身形象的厌弃。而这种特质结合极端的忠诚度和狂热表现来看，某种程度上展示

---

① 日本调查：非现充人士的35个显著特征. 日本通. https://www.517japan.com/viewnews-55682.html.
② 纪录片《纪实72小时地下偶像的青春》. http://open.163.com/movie/2015/12/7/Q/MBA75I3DN_MBA76G47Q.html.

出"偶像"受众群体极为狭隘的兴趣面,而这种个人品位上的狭隘,实际上也与其功能性的想象行为互为因果。对受众而言,"梦"是对于不可能的否定,转移到现实生活中从而可以成为慰藉,受众需要一方造梦的空间。

探究日本消费问题专家三浦展的"下流社会"概念,我们发现它与当代中国新近创造的一部分语词拥有类似的意涵:一方面,它既与人们对于"御宅"(日语作「おたく」)的概括和描述相类似;另一方面,也展现出与中国互联网所创造的"屌丝"一词的亲缘关系。这样一个中国本土产生的网络用词与「おたく」的类似含义绝非偶然,而恰恰可映射出"偶像"受众在此时中国蜂拥而起的社会原因,即如三浦展所指出的,是阶层分化扩大所导致的一部分"中流"群体反而安于现状,缺乏上游志向而日趋"下流化"的结果;中下层群体"上游"信心或意愿的缺失所形成的空洞感;根据生活状态的差异,这种空洞进一步被划分出"小确幸"和"屌丝"的人群。空洞感越强,借之外物的欲望越强,由此产生的诸多自我"想象"加诸偶像文化,成为黏合力的一大来源。

从这个意义上来看,粉丝的忠诚度与狂热并非作用于黏合力的原因,而是偶像文化黏合力得以显示自身的形式。真正的原因应当在受众群体的人格和心理中寻求。汤祯兆在论述日本的 Rorikon(洛丽塔情结)与援交现象时,指出这本质上是"青年人对于自身出路难料的想象",Rorikon 实际上是一种"想变成少女"的情节,"通过自我身份的消灭以求重生……通过象征性的自杀来寻求自我救赎"[1]。极为类似的是,中国受众身上恰恰似具备这种消灭自我身份的愿望,借由"偶像"置换"自我"的倾向。在参与偶像公演或是演唱会时的狂热,事

---

[1] 汤祯兆. 日本中毒. 北京:中国人民大学出版社,2010:19.

实上正是这种置换所表现出的"忘我"状态。

但是,值得注意的是,拉康镜像理论的结构主义取向使之可能忽略了镜像生成中的差异、流动、变异和重塑。实质上,投射与镜像生成的过程包含着主体间性的问题,它被学者进一步扩展为"文化间性"[1],表明文化的自我意识一方面强烈地依赖于"他者",另一方面也是在互动中的建构。正是这种互动使投射与镜像成为跨文化传播中偶像文化的黏合力的重要构成。

我们可以看到,中国国内不仅有对日本AKB48的模仿产品SNH48的剧院,而且也可以看到另一种粉丝表达忠诚的仪式:在SNH48表演的地方,随处可见背着双肩书包、穿着最朴素的青年,手里举着观看该女子团体演出的"护照"——每次演出可在上面盖一章,作为统计累计观看场次的工具。"护照"虽非入场凭证,属于非必需品,但几乎每个偶像的追随者都拥有一本"护照",且拥有极高的出席率,不少粉丝甚至会一场不落地观看内容几乎相同的剧场演出。

我们注意到中国所产生的一系列"日本偶像":从大热的TFBOYS,到少女团体SNH48,再到完全日本风味的"心动偶像补完计划",以及国内综艺的借鉴节目《蜜蜂少女队》,都显示出日本偶像文化投射后的"反馈"痕迹。从文化传播的视角观察,这种具有独立性的模仿行为是对传播者的文化"投射"之"投射"。而另一方面,中国所"镜像"的日本偶像文化,具有某种程度上的反向黏合力:由于跨文化元素的加入,日本偶像文化中一些绝对概念开始变得模糊,比如前文所提到的"宅"与"现充",不再是完全对立的;与此同时,日本偶像工业不再对于偶像有完全的掌控力,在"反馈"文化带领下

---

[1] 单波.跨文化传播的基本理论命题.华中师范大学学报,2011 (1).

"受"文化国所形成的商业力量成为一股巨大的对于偶像产业规则的影响力,渡边麻友被中国网友"捧杀"①,即是典型的例子。

媒介:连接的黏性

从图书到电视,从 DVD 到互联网,直至社交媒体的兴起,日本偶像文化进入中国内地的过程,伴随着媒介技术的更新和传播全球化的生成。在这一过程中,新的媒介技术不仅为偶像文化的传输提供了连接的工具,更是促成了青少年围绕着日本偶像文化形成共享的空间,创建社区性文化,增强了日本偶像文化的黏性。

《铁臂阿童木》在 1980 年被引入中国内地,成为中国内地播出的第一部日本动画。从 20 世纪 80 年代初一直持续到 90 年代,日本动漫被密集引进到中国内地,《龙珠》《圣斗士》《灌篮高手》《机动战士高达》《天空之城》《美少女战士》《海贼王》《新世纪福音战士》等日本动漫的收视率呈爆发式上涨。值得注意的是,在官方公开引进的同时,"地下渠道"先是通过盗版刊物,再通过盗版 DVD,更使日本的流行文化在中国内地的传播具有了青少年亚文化实践的性质。正如日本学者山田奖治指出的:"盗版光盘以其压倒性的传播速度和流通能力承担了把文化产品扩散到各个国家的重要作用。"② 而在此后其他类型的日本文化产品,如电视剧、电影的加持下,较为成熟的日本文化产品通过电视媒介进入中国,逐步将日本文化产品

---

① 网友 basicbest. 日本偶像历史上最大一次中国粉丝捧杀案例:渡边麻友. http://tieba.baidu.com/p/3702165818.

② 山田奖治. 盗版音像产品的光盘分析//越境的日本流行文化. 济南:山东人民出版社,2010:129.

转化为日常的视听语境，并培植起一部分日本文化产品的粉丝，其中最为突出的是以高校为主的小规模的动漫圈，如中科大瀚海星云 BBS 的 Cartoon 版，水木清华 BBS 的 Comic 版开版等中国最早的一批 BBS 论坛。与此同时，日本电视剧的热播所产生的追星热，诸如对山口百惠等演艺明星的热捧，形成了近似于偶像崇拜的情境，为日后日本"偶像"的输入铸就了受众基础。

在所有具有强大作用效果的介质中，日本偶像文化体系所依赖的媒介是最为重要的部分。近十年来，新媒体、融合媒体（convergence media）成为日本偶像文化黏合力发生的最主要的领地。

迅速兴起的新媒体和融合媒体，部分取代了 20 世纪中后期以 VCD、杂志、唱片为主的追星方式，贴吧、视频网站、弹幕网站则打破了单一的互联网格局。一方面，改变了偶像对受众的单向传播关系，使得受众亦可参与甚至改写偶像文化产品的内容；另一方面，打破了以个体或生活圈中简单团体的互动方式，建立起基于虚拟空间的、网状的受众间传播结构。对于强调互动参与过程的偶像文化而言，技术的可供性（affordance）对于偶像文化进一步传播和扩张，增强黏合力有非常重要的作用。

在弹幕网站、贴吧以及更为细分的偶像文化社区，传播技术将粉丝连接起来，建立起詹金斯所论述的"家庭情境"，在增强群落内部联结的同时，加强了成员对于特定文化内容的忠诚度：詹金斯将电视受众分为频繁换台者、临时观众以及忠诚受众三类，指出，在家庭情境中，忠诚者具有影响另外两类人群,使之趋于忠诚的能力。① 在偶像文化中,技术所建立的情境与家庭情境相仿,实际上承担了转化群落成员对偶像文化黏合力的功能。

以弹幕网站为例,我们看到,其中的"家庭情境"是黏合力的主要来源之一。用户评论成为视频观看的一部分,与视频播放同时发生,视频的真正组成部分转变为"主题视频+评论视频"。这种技术通过改变观看视频的结构,从而改变了观看视频的意义。本来只可以"接受"的视频成为开放文本,亚文化群体拥有了"改写"的权力。弹幕的内容有多重类型,可以是观看者的"感受"(符号或文字,比如"好帅""给××表白"等),也可以是对于视频中细节的点评或"吐槽"(比如"配合阿婆主头像使用更佳")。由于这些弹幕呈现在视频上端,有时甚至可以完全遮挡视频。此时,观看者除非关闭弹幕功能,否则很难看到原视频。"弹幕在上"的结构设置,区分了视频两个组成部分的重要性,从注意力的角度而言,观看者更容易被弹幕吸引。这样一来,"转译"原视频文本的弹幕本身成为更重要的文本,观看者更多依靠"弹幕文本"来接受"视频文本",由此发生"改写"。在"改写"之中,黏合力以两种方式进一步增强。首先,某一时段,如果弹幕指向的内容有很多人同时转引或点评(比如"这段必须赞!"),原文本的重心会发生转移。在没有弹幕的视频观看中,观看者自己对文本做出反应和评价,而不受其他因素的干扰和影响。然而弹幕的出现阻抑了观看者自主反馈的能力,弹幕对观看者施加的影响,使得更多人倾向认同弹幕中对文本的反馈(比如,在大规模"这段必须赞"类弹幕出现的场景,往往会持续吸引类似的

---

① 亨利·詹金斯. 融合文化:新媒体和旧媒体的冲突地带. 杜永明,译. 北京:商务印书馆. 2012:127-128.

弹幕文本,而扩大这种肯定的效果)。其次,弹幕将视频中的某一部分通过闲聊而扩张开来,脱离了视频本身的表达意涵。弹幕内容有时会在某一点聚集并扩张开来,"前人"的弹幕和实时的弹幕混合在一起,文本在共时性状态下,进一步被演绎,而形成持续的交谈和讨论。比如,在一段为纪念某一动漫人物而制作的剪辑中,观看者们谈论到另一剧中人物的感情问题,并由此大规模地发散开来。通过意见、感情的交换,在弹幕情境下转换为具有高度的对他人影响的能力,从而使得介质对特定文化的作用转换成为更加稳定的黏合力。

偶像与粉丝直接的互动、粉丝相互之间围绕共同的偶像建立贴吧、粉丝团官方微博、同人文、媒介的延展、网上网下的连接、Cosplay、动漫大会、演唱会、周边产品等,创造出一种偶像"无处不在"的心理感受:从部落到主流平台,甚至是购物网站,偶像文化通过媒介将衍生产品作为符号与偶像文化联系起来,与偶像产业所奉行的"亲密感"原则相得益彰。而当偶像产业的一系列吸引策略与媒介结合之时,受众得以在更大的部落中实现偶像周边产品的交换及其他互动行为。

可以说,偶像文化的气质本身就与新媒介的精神极为契合,强调互动、参与以及社群部落的建构。在新媒介的参与过程中,偶像文化群落的稳定性进一步增强、形态得到重塑;更进一步讲,这种亲密性使得介质对受者文化的重塑,形成了一种更为强大、超越偶像文化的黏合力,得以吸引主流实现的力量。

中国和日本之间的文化关系,有着东亚文化内部的某种亲缘性。但有意思的是,偶像文化本身就是价值上传统与反传统的并存。如果说对于"梦想"的反复强调仍然是一致于日本传统中的战斗性,那么夹杂暧昧性暗示的表演则完全站在了「たてまえ」(又作"建前")的对立面。布鲁玛指出"假装"是日本人生存的基本条件；「たてまえ」有"场面上的，公开姿态"之意，与"本音"（「ほんね」，理解为真心话）相对应，在布鲁玛的论述中，"建前"是日本文化中非常重要的特点，即个人的感觉在正常情况下必须保持隐秘或压抑。① 但在偶像文化中，这一点被完全破坏了。也就是说，"偶像"与日本传统文化之间的关系并非自然的顺承关系，而是依循相反的逻辑；东亚文化的亲缘性并非作用于黏合力的原因，而恰恰是作为一种意料之外的结果；偶像文化的内容，也是中国文化传统中所不曾有过的形式和精神——不仅如此，其接受过程，似乎更有一些站在传统对立面的嫌疑，接近于一种本土尚未壮大的社会心理，借用跨文化产品的表达。

因此，从日本的偶像文化在中国的跨文化传播的热度中，可以窥见日本民族中一种可称之为"奇异"的、具有戏剧性张力的性格在中国受众身上的转移。较之20世纪中叶以摇滚、地下文学、现代艺术等引领的颠覆与反叛的亚文化潮流，偶像文化所表现出的种种要素，是否可视为新一轮暗涌的浪潮？这种跨文化"黏合力"似蕴藏着极大的张力：压抑与释放，虚无感与存在感，对于卑微自我的否定与强烈的成功欲望……我们通过对日本偶像文化"黏合力"的研究，可以透过矛盾的文化心态与狂热的接受行为，追溯依附其上的种种文化与社会的变化。

由此观之，我们可以发现，首先，近三十年来，中国的许多年轻人通过对日本偶像的跨文化接受，以粉丝的身份凝聚为一个具有某种共性特征的群体，且这种群体具有一定程度的排他性。其次，群落化的粉丝部落规模庞大，且形成复杂的粉丝

---

① 伊恩·布鲁玛. 面具下的日本人：解读日本文化的真相. 北京：金城出版社，2010：255.

文化社交圈,其间的日本偶像消费具有某种"自给自足"的能力。这些意味着,伴随着日本偶像的输入,不仅在年轻人中催生了新的文化类型,而且偶像的内涵也发生了改变,发展出本土的基于模仿,但又有所不同的文化产品。

主要参考文献

1. 约翰·费斯克，等. 关键概念：传播与文化研究辞典. 2版. 李彬，译注. 北京：新华出版社，2004.
2. 詹姆斯·W. 凯瑞. 作为文化的传播. 丁未，译. 北京：华夏出版社，2005.
3. Matt Hills. 迷文化. 朱华瑄，译. 台北：韦伯文化国际出版有限公司，2005.
4. 约翰·费斯克. 理解大众文化. 王晓珏，宋伟杰，译. 北京：中央编译出版社，2006.
5. 陶东风. 粉丝文化读本. 北京：北京大学出版社，2009.
6. 米歇尔·德·塞托. 日常生活实践 1. 实践的艺术. 方琳琳，黄春柳，译. 南京：南京大学出版社，2009.
7. 迪克·赫伯迪格. 亚文化：风格的意义. 陆道夫，胡疆锋，译. 北京：北京大学出版社，2009.
8. 克莱·舍基. 未来是湿的. 胡泳，沈满琳，译. 北京：中国人民大学出版社，2009.
9. 邓惟佳. 迷与迷群：媒介使用中的身份认同建构. 北京：中国传媒大学出版社，2010.
10. 陶东风，胡疆锋. 亚文化读本. 北京：北京大学出版社，2011.
11. 陈霖，陈一. 事实的魔方. 北京：中国书籍出版社，2011.

12. 亨利·詹金斯. 融合文化：新媒体和旧媒体的冲突地带. 杜永明，译. 北京：商务印书馆，2012.

13. 安迪·班尼特，基思·哈恩-哈里斯. 亚文化之后：对于当代青年文化的批判研究. 中国青年政治学院青年文化译介小组，译. 北京：中国青年出版社，2012.

14. Sarah Thornton. Club cultures: music, media and subcultural capital. Cambridge: Polity Press, 1995.

15. Henry Jenkins. Textual poachers: television fans & participatory culture. London: Routledge, 1992.

16. Nicholas Abercrombie, Brian Longhurst. Audiences. London: Sage Publications Ltd, 1998.

17. Sidney Eve Matrix. Cyber pop: digital lifestyles and commodity culture. London: Routledge, 2006.

18. Jonathan Gray. Show sold separately: promos, spoilers, and other media paratexts. New York: New York University Press, 2010.

后 记

很荣幸本书能够被纳入"新媒介与青年亚文化"丛书第二辑中出版,感谢写作团队的每一个人给我的支持和温暖,没有这个团队,这本书不可能完成。就像这套丛书是对"新媒介与青年亚文化"丛书第一辑的延续,我的这本书也是对第一辑中那本《迷族:被神召唤的尘粒》的延续,这或许能够说明我对粉丝文化具有持续的兴趣。

本书以粉丝媒体为主题,是想探讨粉丝文化在对新媒介技术的可供性开掘中建构起来的空间特质。它产生于"大众传播向大众自传播转变"的格局中,是粉丝文化主体由其媒介实践而生产出的空间,只有对媒介实践和文化体验的经验层面进行细致观察和深入分析,才能理解这个空间。据此,本书建立起对粉丝媒体空间中展开的文化实践进行深度透视的框架:首先将粉丝媒体置于整个亚文化传播空间之中,以大众媒介对粉丝文化的再现作为参照,进而对粉丝媒体的特质加以总体的把握,然后是对四个个案的研究和一个问题的剖析,试图由此管窥复杂的粉丝文化。

从科研角度看,这本书大体来源于两个项目中的部分成果。一个是我作为课题组成员参与的马中红教授主持的国家社科项目"新媒介与青年亚文化研究",另一个是我作为主持人于2013年申请立项的教育部人文社科项目"中国当代青年亚文化传播的变迁"。2015年,国家社科项目结项后,我作为第二作者与马中红教授合作的项目成果《不可忽视的另一种力量》出版；而教育部人文社科项目则迟至2019年年底才结项，拖到了不能再拖的地步，实在令人汗颜。这期间，由于个人学术兴趣的转移和承担新的科研项目，我花在青年亚文化研究上的时间逐步减少，但并未放弃对它的关注，且试图将其连接到我正在承担的、与城市和艺术传播相关的研究领域。

感谢这些年我带的研究生和少数高年级本科生。在我与他们讨论媒介文化现象或毕业论文选题时，粉丝文化似乎是一个不绝的源泉，总能够激发他们的灵感，而他们探究的热情也促动着我的思考；"粉丝媒体"这个概念，最初就是我在指导姚璐的毕业论文时确定的。因此，这本书主要是我与学生们合作的成果。合作者包括：杨培(《疯狂粉丝的媒体镜像》)，姚璐、陈炳宇(《参与文化的场景构造》)，马薇妮(《火影迷的忍者世界》)，朱文毓(《粉丝主体与新叙事》)，张赛男(《美剧迷与生活方式想象》)，唐珊珊、王冶(《"周边"的2.5次元文化》)，薛景(《"爱豆"的黏合力》)。书中大部分文字已由我与学生合作在《文艺研究》《当代传播》《文化研究》《江苏社会科学》《苏州教育学院学报》等期刊发表，还有一些来自毕业论文的部分章节。所有文字都由我根据本书的逻辑框架，结合更新的事实材料和理论观点，进行了修订和编排。我的学生中，毕业论文涉及粉丝文化现象的还有张佳一、尤静芳、李虹、王旻诗、杨鑫、王琛等，他们的文字虽然没有直接进入本书，但他们当年参与讨论时的热情和在资料、观点上的贡献，在这本书里仍然依稀可辨。所以，这本书也是我与学生们相处时光的纪念。

粉丝文化现象是每日都在展开的青年亚文化实践中不可或缺的一部分，它呈现出一种日常的、弥散的、渗透的、文化边界模糊的性质，嵌入总体文化的肌理之中，甚至在特定的情况下成为当代文化构成的某种隐喻。因此，粉丝文化无疑是媒介文化乃至整个文化与传播领域中非常具有开掘价值的领域。学界在这方面已经形成许多成果，与这些成果相比，本书实在微不足道；参之以异常丰富、发达和复杂的粉丝文化实践，本书不过是盲人摸象。在研究方法、理论视野和深度上，本书的局限在所难免，若能给这个领域提供一点参考或作为批评的对象，那也可慰我心。

最后，要感谢为此书出版付出心血的陈兴昌总编辑、李寿春主任和责任编辑欧阳雪芹、顾清。

2020 年 4 月 27 日于苏州里河